内蒙古财经大学学术文库

第一辑

内蒙古自治区与蒙古国草原畜牧业发展

The development of grassland animal husbandry
in the Inner Mongolia Autonomous Region and Mongolia

苏日娜/著

经济管理出版社
ECONOMY & MANAGEMENT PUBLISHING HOUSE

图书在版编目（CIP）数据

内蒙古自治区与蒙古国草原畜牧业发展/苏日娜著 . —北京：经济管理出版社，2015. 12
ISBN 978 - 7 - 5096 - 4189 - 7

Ⅰ. ①内…　Ⅱ. ①苏…　Ⅲ. ①农产品流通—研究—中国、蒙古　Ⅳ. ①F724. 72②F733. 11

中国版本图书馆 CIP 数据核字（2015）第 304059 号

组稿编辑：王光艳
责任编辑：许　兵
责任印制：黄章平
责任校对：王淑卿

出版发行：经济管理出版社
　　　　　（北京市海淀区北蜂窝 8 号中雅大厦 A 座 11 层　100038）
网　　　址：www. E－mp. com. cn
电　　话：（010）51915602
印　　刷：北京玺诚印务有限公司
经　　销：新华书店
开　　本：720mm×1000mm/16
印　　张：11. 5
字　　数：193 千字
版　　次：2017 年 8 月第 1 版　　2017 年 8 月第 1 次印刷
书　　号：ISBN 978 - 7 - 5096 - 4189 - 7
定　　价：58. 00 元

前　言

改革开放以来，我国畜牧业生产保持了较高的发展速度，实现了持续增长，逐步走上专业化、商品化与集约化的发展道路，成为我国农业和农村经济的支柱产业。以生态经济理论和可持续发展为重要理论支撑的现代畜牧业，是今后农业发展的重要内容。

内蒙古草原是我国北方重要的生态屏障，草原生态环境保护和草原经济可持续发展成为一个很难协调的问题。对于内蒙古自治区来说，制定和实施能够提高草原资源利用效率、促进草原经济可持续发展以及恢复和保护草场、实现草原生态系统良性循环的发展模式已成为亟待解决的重大理论与现实问题。

内蒙古草原畜牧业有着悠久的发展历史、深厚的文化底蕴，在地区经济和广大牧民的生产生活中具有极其重要的地位。草原畜牧业是内蒙古自治区最具特色的传统基础产业之一，具有得天独厚的资源优势、区位优势、文化优势，经过近几十年的发展，畜牧业产值在农业中的比重不断上升。畜牧业的发展对于调整农村牧区经济结构、发展现代农牧业起到了导向作用。

近年来，内蒙古自治区积极贯彻习近平总书记考察内蒙古自治区时对畜牧业工作提出的"要加快传统畜牧业向现代畜牧业转变步伐"的要求，落实自治区"8337"的发展思路，围绕建设绿色农畜产品生产加工输出基地，以提升产业化水平、突出规模化发展、推进标准化生产、实施品牌化战略为发展重点，出台了各项优惠政策、补贴政策，全区畜牧业取得了长足发展。目前，内蒙古自治区畜牧业产值占农牧业产值的比重达到了42.1%，处于向现代畜牧业加快转型的关键期。

推进供给侧结构性改革被提出以来，内蒙古自治区根据畜牧业"一羊独大"

的区情，提出了"稳羊增牛"的发展思路，积极调整优化农牧业结构，落实新一轮草原生态补奖政策，改良天然草场，发展人工草地，实施退牧还草、退耕还草工程，扩大优质牧草种植面积，提高草原载畜能力。注重畜产品优势产区的建设，包括五大牛奶生产区、肉牛养殖区和肉羊养殖区。畜产品加工业发展迅速，已成为内蒙古自治区的优势支柱产业，牛奶、细毛羊、羊绒、羊肉产量均居全国第一位。畜牧业养殖方式转型升级，牧区积极推进草牧场规范流转，引导扶持家庭牧场，提升养殖户的组织化程度。目前，各类家庭牧场有 3.5 万个，全区肉羊、奶牛、肉牛规模化程度分别达到了 68%、80% 和 44%。畜牧业作为内蒙古自治区的基础产业和优势产业，为内蒙古自治区经济发展和社会稳定做出了巨大贡献，为全国各地输送了大量优质的畜产品，草原牧区牧业生产稳定发展。但是，畜牧业自身的产业特点和生产方式使畜牧业成为内蒙古自治区经济社会发展中的"短板"。从产业特点来看，畜产品生产周期长，市场灵敏度低，供给弹性小，加之自然条件的约束，畜牧业经营面临着较高的市场风险。从生产方式来看，仍处于粗放经营、分散经营的阶段，畜牧业产业化水平较低。草原畜牧业如何实现可持续发展，牧民如何实现收入增长，牧区经济如何实现现代化发展，成为内蒙古自治区畜牧业转型时期需要解决的重要问题。

在"一带一路"发展战略中，内蒙古地区是沟通中蒙俄的桥梁，拥有独特的区位和资源优势。内蒙古自治区畜牧业发展应该借鉴周边国家的发展经验，引进先进的技术和发展理念。通过与周边国家的互联互通、优势互补，提高畜牧业产业化水平。蒙古国是与中国拥有最长陆地边界线的北方邻国，中国是蒙古国最大的贸易伙伴国。畜牧业是蒙古国的传统产业，是国民经济的基础，也是蒙古国加工业和生活必需品的主要原料来源，畜牧业产值在农牧业产值中约占 83%。近年来，蒙古国畜牧业发展态势良好，社会效益和经济效益显著。但是，蒙古国地广人稀，自然条件差、气候比较恶劣。目前，蒙古国每年仍需要进口大量的肉、奶等畜产品来满足国内的需求。草原畜牧业是中蒙两国的传统优势产业，中蒙草原畜产业合作有独特的地缘优势。"一带一路"倡议提升了沿边地区开放的广度和深度，将为内蒙古自治区发展对蒙贸易提供机遇，内蒙古自治区与蒙古国在畜牧业及其畜产品加工行业的合作潜力巨大。

本书立足于理论分析与实证分析相结合，以理论分析为基础，实证分析为重点，在"一带一路"发展战略的前提下，借助产业发展理论、可持续发展理论和比较优势理论的研究基石，对内蒙古自治区和蒙古国的草原畜牧业发展进行了研究，探讨牧民生产行为、畜产品流通和消费行为，以期为草原畜牧业可持续发展提供借鉴，为中蒙草原畜产业合作提供思路。

由于蒙古国畜牧业具体统计数据的匮乏及限于实际数据获得的困难，本书只是研究了内蒙古自治区和蒙古国畜牧业产业发展中生产、流通和消费三个重要环节，所探讨的内容还不够系统和全面。而草原畜牧业产业的研究会随着环境变化、产业成长而不断更新，研究方法也会不断完善，这也使本研究显得不够深入。本书对内蒙古自治区和蒙古国草原畜牧业产业发展进行的探索，希望能够对畜牧业产业研究理论与实践的完善作出有益的补充。

在本书的写作过程中，作者参考和借鉴了诸多期刊、书籍、统计数据、硕士学位论文和博士学位论文及一些资料，在此向有关作者表示衷心的感谢。同时，对于作者疏忽没有列出其研究成果的专家学者，在此深表歉意。

本书得到国家社科基金项目"边疆民族地区开放发展与丝绸之路经济带建设研究"（15XMZ082）、中蒙俄经贸合作与草原丝绸之路经济带构建研究协同创新中心项目"蒙古国与内蒙古自治区畜产品消费行为比较研究"（2016zmey10）的基金资助。是内蒙古自治区高等学校科学研究项目"'一带一路'建设背景下中蒙草原畜产业合作路径研究"（NJSY17154）的阶段成果。内蒙古自治区畜牧业经济研究基地对本书的出版给予了大力支持，在此表示诚挚的谢意。

对于书中存在的不足与疏漏之处，敬请专家、学者批评指正，恳请同人赐教。

苏日娜

2016 年 10 月于青城

目　录

第一章

相关理论概述

我国畜牧业连续多年持续增长，已经成为我国农业和农村经济的支柱产业，畜牧业的发展是反映一个国家农业发展水平的重要标志。目前中国农业发展进入了新的历史时期，以生态经济理论和可持续发展为重要理论支撑的现代畜牧业，是今后农业发展的重要内容。为此，梳理相关的基础理论，揭示我国畜牧业发展的内在规律，寻找有效支持畜牧业可持续发展的内在机制，无疑具有重要的理论价值与现实意义。

第一节　产业发展理论

一、新贸易理论

随着传统产业理论缺陷的逐步显现以及现实经济发展的不断变化，美国经济学家保罗·克鲁格曼提出了新贸易理论。他认为，不同国家或地区之间的贸易，特别是相似国家或地区同类产品的贸易，是这些国家根据收益递增原理而发展专业化的结果，与国家生产要素禀赋差异关系不大。发展任何一种专业在一定程度上都具有历史偶然性，在不完全竞争和同类产品贸易的条件下，生产要素的需求和回报状况取决于微观尺度上的生产技术条件。生产技术的变化可以改变生产要素的需求结构和收益格局，从而影响相似要素条件下的贸易，促成同类产品的贸易。

新贸易理论还认为，不完全竞争和收益递增的存在，为国家和地区采取战略性贸易政策，创造竞争优势提供了可能。比如，有一些部门规模经济（特别是外向型经济）十分突出，可通过促进这些部门的出口和发展获得竞争优势，从而改变其在国际或区域经济中的专业化格局，向有利的方面发展。

二、产业集群理论

产业集群作为一种新的产业空间组织形式，其强大的竞争优势引起了国内外学者的广泛关注，在城市规划产业发展定位与组织中受到越来越多的重视，特别是在发展中国家和地区。在城市规划与城市研究中，产业集群主要是指以中小企业为主体，相关的企业、研究机构、行业协会、政府服务组织集结成群的经济现象，既是行为主体的一种结网、互动，又是一种市场化行为催生的产业组织模式，最基本的特征是基于分工基础上的竞争性配套与合作，具有产业链条长而且配套、内部专业化分工细、交易成本低、人才集中、科技领先、公共服务便利等优势，因而具有强大的竞争力，从产业发展定位的角度来看，一个区域或城市在产业选择或引进时，应注意其与已有企业或产业之间的关联程度，是否能延伸现有产业链或提升现有产业技术水平，最终融入到集群中，增强地区或城市的产业发展潜力并提升整体的产业竞争力。

第二节　比较优势理论

一、比较优势理论的含义

比较优势可以表述为：在两国之间，劳动生产率的差距并不是在任何产品上都是相等的。每个国家都应集中生产并出口具有比较优势的产品，进口具有比较劣势的产品（"两优相权取其重，两劣相衡取其轻"），双方均可节省劳动力，获得专业化分工提高劳动生产率的好处。大卫·李嘉图在其代表作《政治经济学及赋税原理》中提出了比较成本贸易理论，即比较优势理论。

二、比较优势理论假设条件

假定贸易中只有两个国家和两种商品（X 与 Y 商品），这一个假设的目的是为了用一个二维的平面图来说明这一理论。

两国在生产中使用不同的技术。技术的不同导致劳动生产率的不同进而导致成本的不同。

模型只假定在物物交换条件下进行，没有考虑复杂的商品流通，而且假定一个单位的 X 产品和一个单位的 Y 产品等价（不过它们的生产成本不等）。

在两个国家中，商品与要素市场都是完全竞争的。

在一国内要素可以自由流动，但是在国际间不流动。

分工前后生产成本不变。

不考虑交易费用和运输费用，没有关税或影响国际贸易自由进行的其他壁垒。但是，在贸易存在的条件下，当两国的相对商品价格完全相等时，两国的生产分工才会停止。如果存在运输成本和关税，当两国的相对价格差小于每单位贸易商品的关税和运输成本时，两国的生产分工才会停止。

价值规律在市场上得到完全贯彻，自由竞争，自由贸易。

假定国际经济处于静态之中，不发生其他影响分工和经济变化。

两国资源都得到了充分利用，均不存在未被利用的资源和要素。

两国的贸易是平衡的，即总的进口额等于总的出口额。

三、比较优势理论的缺陷

比较优势理论，尽管自李嘉图提出至今已近两百年，但仍不失为指导一般贸易实践的基本原则。不仅如此，比较优势理论的原理除了可以用于对国际贸易问题的分析以外，还有较为广泛的一般适用性。

　　比较优势理论也存在理论上的"硬伤"，或者说，存在理论分析上的"死角"。这是因为，在李嘉图的理论分析中，比较优势之所以能够成立，全然取决于两国间两种商品生产成本对比上"度"的差异。但是，如果只是考察经过高度抽象的"2×2贸易模型"，势必存在这样一种情况，即两国间在两种商品生产成本对比上不存在"度"的差异。

　　一旦出现此种等优势或等劣势的情况，即便具有相当的普遍适用性，李嘉图的比较优势理论及其基本原则"两优择其甚，两劣权其轻"就不再灵光了。人们惊异地看到，李嘉图陷入了"此优为彼优，无甚可择"或"彼劣即此劣，何以权轻"的尴尬境地。

四、比较优势理论的历史地位

　　李嘉图的比较优势理论，揭示了在完全自由贸易条件下，从世界主义的角度构筑的高度抽象化的国际分工依据。李嘉图的比较优势理论对于英国工业资产阶级推行自由贸易政策，形成以英国为中心的国际分工格局，进而使资本主义生产方式成为世界主要的生产方式，促进世界生产力的高度发展，起到了重要的作用，完成了时代赋予李嘉图的历史使命。李嘉图的比较优势理论体现了英国工业资产阶级提高利润的要求，体现了市场经济的发展方向和价值规律在国际上的作用。但在形成以英国为中心的国际分工格局中，是在发动商业战争，强迫他国接受自由贸易政策，通过殖民统治在价廉物美的激烈竞争中实现。这种国际分工格局使英国成为国际分工的中心，而其他国家成为它的外围国家；英国经济得到高速发展，而外围国家却形成单一的片面经济。这种国际分工并非像李嘉图所描述的那样"使人们都得到好处，并以利害关系和互相交往的共同纽带把世界各民族结合成一个统一的社会"。因此，就李嘉图的比较优势理论形成国际分工而言，忽视了资本主义生产方式的内在规律，带有非历史、超国家和超阶级的观点，美化了以英国为中心的国际分工形成的实际。但不能因此而否定根据比较优势理论进行国际分工，通过国际贸易实行优势互补促进相互发展的"合理内核"。

第三节 可持续发展理论

一、可持续发展的概念

在西方发达国家工业化进程中，社会经济活动一直沿袭资源开采、加工制造、废弃物排放、产品流通消费、废旧产品抛弃的线性过程。资本主义私人资本在满足社会消费需求创造利润而实现自身不断增值的同时，也使其对资源的无序开发和抛回自然界的废弃物呈指数形式上升。其直接后果是，我们赖以生存和发展的自然环境不断恶化。20世纪60年代，发达国家开始进入后工业化时期。在全世界仅有不到1/5人口进入现代化社会的情况下，资源短缺和生态环境问题已经成为经济继续增长的重大约束。

可持续发展概念从1980年被提出后，全球范围内对可持续发展问题的讨论形成阵阵热潮。经济学家、社会学家和自然科学家分别从各自学科的角度对可持续发展进行了阐述，给出了各自的定义。①从自然属性定义可持续发展。可持续性这一概念是由生态学家首先提出来的，即所谓生态可持续性。1991年11月，国际生态学联合会和国际生物学联合会联合举行了关于可持续发展问题的专题研讨会。该研讨会将可持续发展定义为："保护和加强环境系统的生产和更新能力。"②从社会学属性定义可持续发展。1991年，由世界自然保护同盟、联合国环境规划署和世界野生生物基金会共同发表了《保护地球——可持续性生存战略》。该书中提出的可持续发展定义为："在生存不超出维持生态系统承载能力的情况下，提高人类的生活质量。"③从经济学属性定义可持续发展。这类定义虽有不同的表达方式，但都认为可持续发展的核心是经济发展。《经济、自然资源、不足和发展》的作者巴比尔把可持续发展定义为："在保持自然资源的质量和提供服务的前提下，使经济的净利益增加到最大限度。"皮尔斯的定义为："自然资本不变前提下的经济发展，或今天的资源使用不应减少未来的实际收入。"

二、可持续发展的内容

在上述具体的或复杂的可持续发展定义中，已经包含自然资源、经济增长、环境、社会公平各种要素。无论在全球范围内，还是在一国范围内，现代发展是生态、经济、社会诸方面都得到发展，可以概括为生态发展、经济发展和社会发展三个方面。可见，可持续发展是生态可持续发展、经济可持续发展和社会可持续发展三者的有机统一，也是建立在生态可持续性、经济可持续性、社会可持续性基础之上的经济与社会和人与自然的协调发展。人们既不能将可持续发展理解为只是生态可持续发展，也不能理解为只是经济可持续发展，而是经济可持续发展、生态可持续发展和社会可持续发展三者的协调发展。在可持续发展系统中，以生态可持续发展为基础，以经济可持续发展为主导，以社会可持续发展为保证。生态可持续发展是指按照生态经济学的观点，现代经济社会系统是建立在自然生态系统基础之上的巨大开放系统，以人类经济活动为中心的社会经济活动都是在大自然的生物圈中进行的。任何经济社会活动，都要有作为主体的人和作为客体的环境，这两者都是以生态系统运行与发展作为基础和前提条件的。同时任何社会生产，不论物质生产还是精神生产，以至于人类自身生产，所需要的物质和能量，无一不是直接或间接地来源于生态系统。所以，在生态系统和人类经济社会活动中，生态系统是经济社会活动的基础。人类社会的发展必须以生态系统为基础。现在，越来越多的人认识到，随着现代经济社会的发展，必须考虑到生态环境改变对社会经济的决定作用。现代经济社会发展必须以良性循环的生态系统及其生态资源的持久、稳定供给能力为基础，使现代经济社会的发展绝对地建立在它的生态基础上，并确保这种基础受到绝对保护和健全发展，使其能够长期地、稳定地支撑现代经济社会的健康发展。经济可持续发展是指发展不以伤害后代人的利益为前提来满足当代人的需求，保障人类发展的长期利益或后代人的持续收入。经济可持续发展，虽然要解决当代发展与后代发展之间的协调关系，保障子孙后代的利益；但要从这个基本立足点出发，优化社会总资源配置，从而解决好当代发展过程中经济社会发展和生态环境改善之间的协调关系，并形成相互适应的良性循环，不断提高保证人民群众目前需要和长远需要的供给能力，这就把人类发展的长远利益和眼前利益、局部利益和整体利益结合起来，以便满足当代人的需求和后代人的需求。因此，经济可持续发展的一个重要方面，就是经济增长和人们生产经营活动的可获利性，它要求国民经济系统保持它的产出水平等于或大于它的历史平均值的能力，是个产出没有负增长趋势的系统，而且经济增长既重视数量增加，又重视质量改善，还要降低消耗，节约资源，减少废物，提高效率，增进效益，力求经济增长和经济收益的变异性较低或最低，从而保证国民经济持续、稳定、协调发展。

三、可持续发展的原则

1. 可持续性原则

可持续性原则的核心是人类的经济和社会发展不能超越资源与环境的承载能力。资源与环境是人类生存与发展的基础条件，离开资源与环境人类的生存与发展就无从谈起。资源的永续利用和生态系统的可持续性保持是人类持续发展的首要条件。可持续发展要求人们根据可持续性的条件调整自己的生活方式，在生态可能的范围内确定自己的消耗标准。这一原则从某一侧面也反映了可持续发展的公平性原则。

2. 共同性原则

鉴于世界各国历史、文化和发展水平的差异，可持续发展的具体目标、政策和实施步骤不可能是唯一的。但是，可持续发展作为全球发展的总目标，所体现的公平性和可持续性原则，则应该是共同遵从的。实现这一总目标，必须采取全球共同的联合行动。布伦特兰在《我们共同的未来》的前言中写道："今天我们最紧迫的任务也许是要说服各国认识回到多边主义的必要性。""进一步发展共同的认识和共同的责任感，这对这个分裂的世界十分需要的。"共同性原则也反映在《里约宣言》之中："致力于达成既尊重所有各方的利益，又保护全球环境与发展体系的国际协定，认识到我们的家园——地球的整体性和相互依存性。"可见，从广义上讲，可持续发展战略就是要促进人类之间及人类与自然之间的和谐。如果每个人在考虑和安排自己的行动时，都能考虑到这一行动对其他人（包括后代人）及生态环境的影响，并能真诚地按共同性原则办事，那么人类及人类与自然之间就能保持一种互惠共生的关系，也只有这样，可持续发展方能实现。

3. 需求性原则

传统发展模式以传统经济学为支柱，所追求的目标是经济增长，主要通过国民生产总值 GNP 来反映，却忽视了资源的代际配置。这种发展模式不仅使世界资源环境承受前所未有的压力而不断恶化，而且人类的一些基本物质需要自然不能得到满足。可持续发展则坚持公平性和长期的可持续性，要满足所有人的基本需求，包括物质的、精神的，还有生态的，向所有的人提供实现美好生活愿望的机会。进入 20 世纪以后，科学技术迅猛发展，生产方式发生根本变革，人类生存环境遭受空前破坏，生态状况逐渐成为影响人类生存越来越重要的因素，生态需求成为最基本的生存需求。满足所有人的基本需求成为可持续发展的一项重要原则。

4. 公平性原则

可持续发展的公平性原则包括三层意思：一是代内平等，即当代人之间的横向平等。它强调任何地区、任何国家的发展不能以损害其他国家和地区为代价，特别要注意欠发达地区和国家的需求。当今世界的现实是一部分人富足，另一部分人——特别是占世界 1/5 的人口处于贫困状态。这种贫富悬殊、两极分化的世界，不可能实现可持续发展。因此，要给世界以公平的分配和公平的发展权，应把消除贫困作为可持续发展进程特别优先的问题来考虑。二是代际间的平等，即世代人之间纵向平等。人类赖以生存的自然资源是有限的，它强调当代人不能因为自己的发展与需求而损害人类世世代代满足需求的条件——自然资源与环境，应给世世代代以公平利用自然资源的权利。就环境与自然资源而言，代际公平要从质量和数量上加以理解。在质量上，要求环境和自然资源不至于发生代际退化。在数量上，要求自然资源存量至少保持稳定。三是公平分配有限资源。针对目前富国在利用地球资源上拥有优势的状况，这一原则要求各国拥有按本国的环境与发展政策开发本国自然资源的主权，并负有确保在其管辖范围内或在其控制下的活动不致损害其他国家环境的责任。目前，占全球人口 26% 的发达国家消耗的能源、钢铁和纸张等，都占全球的 80% 以上。

可见，可持续发展不仅要实现当代人之间的公平，而且也要实现当代人与未来各代人之间的公平，向所有的人提供实现美好生活愿望的机会。未来各代人应与当代人有同样的权利来提出他们对资源与环境的需求。可持续发展要求当代人在考虑自己需求与消费的同时，也要对未来各代人需求与消费负起历史的和道义的责任。各代人之间的公平要求任何一代都不能处于支配地位，即各代人都应有同样多选择发展的机会。

第四节　经济发展可持续理论

经济可持续发展是可持续发展整个系统的重要组成部分，它在可持续发展系统中占据核心地位。生态可持续发展是经济可持续发展的自然基础，社会可持续发展是经济可持续发展的重要保证；经济可持续发展为生态可持续发展和社会可持续发展提供物质条件。只有做到经济可持续发展，才能形成整个系统的可持续发展。

一、经济可持续发展的概念

由于经济可持续发展在可持续发展系统中处于核心地位，有些可持续发展研究者给出了经济可持续发展的定义。不过，西方学者给出的经济可持续发展定义隐含在可持续发展的经济学分析中，国内学者却把经济可持续发展从可持续发展中分离出来，并对经济可持续发展作了明确的界定。

经济可持续发展的定义，或者说，经济可持续发展的质的规定性，要求人们正确处理两种关系：一个是经济发展与资源环境的关系，另一个是当代经济发展与后代经济发展的关系。从经济发展与资源环境的关系来看，既不以牺牲生态环境为代价片面强调经济发展，又不以牺牲经济增长为代价片面强调保护资源环境，而是把保护资源环境和加快经济发展结合起来，使两者相互适应和相互促进，实现经济的可持续发展。从当代经济发展与后代经济发展的关系来看，对发展中国家，特别是对低收入国家来说，保障后代人可持续发展问题固然重要，但解决现代人生存和福利的发展问题同样也很重要。

二、经济可持续发展的内容

第一，经济可持续发展要以保护自然资源为前提，同环境承载能力相适应。经济可持续发展强调经济持续发展资源基础的维持、发展和能力建设，它特别强调环境承载能力和资源永续利用对经济发展进程的重要性和必要性。如果未来人口不增长，经济可持续发展意味着未来人拥有与当代人同样的资源基础，以获得同样的福利产出。如果人口将持续一段时期的增长和生活质量的上升，经济可持续发展就意味着人类的资源基础必须获得相应的发展。

第二，经济可持续发展并不否定经济增长，但要重新审视实现经济增长的方式。经济可持续发展反对以追求最大利润或利益为取向，以贫富悬殊和资源掠夺性开发为特征的经济增长，它所鼓励的经济增长应是适度的，注重经济增长质量提高。经济可持续发展是以低度消耗资源的国民经济体系为运行机制和基本途径。以耗竭资源为基础的消耗型经济只能是暂时的、不能持续的。经济可持续发展强调资源再生能力，合理开发与利用资源，降低资源的消耗，提高资源利用率和人口承载力；反对掠夺开发与恶性开发，制止高消费与恶性消费，杜绝挥霍浪费。这样，才能实现经济效益最佳、生态效益最好、社会效益最优的有机统一。

第三，经济可持续发展要求实现公平与效率的统一。公平主要指人类在分配资源和获取收入或积累财富上的机会均等。效率是指资源的有效使用和有效配置，它是经济可持续发展的内在要求。在经济发展过程中，有限的资源必须得到优化配置和合理利用。在公平与效率的关系问题上，经济可持续发展认为两者相辅相成、互相促进和高度统一。一方面，增加效率，提高生产力为公平地分配资源和收入再分配提供物质基础；另一方面，发展机会均等导致人们生产积极性提高，从而促进效率提高。

第四，经济可持续发展与知识经济有自然的联系。随着部分发达国家完成了其工业化进程，知识经济的雏形已在少数发达国家中产生，知识在经济中的作用显著增强，从而为人类经济活动减轻对资源、环境的压力提供了可能。经济可持续发展促进知识经济的诞生，为知识经济的形成和发展提供了一个人与社会、经济与自然协调发展的环境。反过来，只有发展知识经济才能实现经济可持续发展。知识与技术对环境的影响也是巨大的。环境污染本身主要是由当代工业生产对资源的滥用引起的，而以环境清洁技术为标志的环保产业迅猛发展正是知识经济发展的结果。知识经济本身就是促进人与社会、经济与自然协调、可持续发展的经济。

第五，经济可持续发展以提高生活质量为目标，同社会进步相适应。经济可持续发展要满足现代人的基本需要，包括物质的、精神的和生态的，提高人的素质，实现物质文明、精神文明和生态文明的高度统一、协调发展。经济可持续发展是一个涉及经济、社会、文化、技术及自然环境等的综合性概念。实现经济可持续发展，不能把经济、社会、技术和生态因素割裂开来。

三、经济可持续发展的特点

1. 经济可持续发展与经济持续增长比较

经济可持续发展是一种立足于自然资源和环境的经济长期发展模式。经济持续增长是指一个国家在较长时期内，经济规模在数量上的扩大，即商品和劳务产出量的增加。由经济持续增长到经济可持续发展反映了人们对经济发展的认识程度不同。经济持续增长是对经济发展的认识处于表层，而经济可持续发展是对经济发展的认识已进入深层。经济可持续发展思想使全人类普遍认识到工业革命以来所取得的经济高速增长，人类创造的巨大物质财富，付出了极大的生态代价和社会成本。

经济可持续发展的重要标志是资源的永续利用和保持良好的生态环境。自然资源的永续利用是实现经济可持续发展的物质基础。经济可持续发展要求保护环境，在资源永续利用的条件下进行经济和社会建设，保持经济发展的持续性和良好势头。只有把经济发展与资源环境协调起来，把当前发展与长远发展结合起来，才能使国民经济逐步走上良性循环的道路。因此，经济可持续发展可以使经济持续不断发展，不会在有朝一日被限制或中断发展，它既满足当今的需要，又不致危及人类未来的发展。

2. 经济可持续发展模式与经济不可持续发展模式比较

经济可持续发展模式就是以经济与环境协调发展为特征的可持续展经济模式。经济不可持续发展模式就是以资源浪费和环境污染为特征的不可持续发展经济模式。迄今，各国经济发展的现实是，经济在持续增长，但自然资源的供给条件越来越恶劣，环境越来越恶化。由此，人们寻求到一条新的发展道路，即经济可持续发展道路。这不是一条仅能在若干年内、在若干地方支持人类进步的道路，而是一直到遥远的未来都能支持全球人类进步的道路。

经济可持续发展模式与经济不可持续发展模式的根本区别：经济可持续发展模式不是简单地开发自然资源以满足当代人类发展的需要，而是在开发资源的同时保持自然资源的潜在能力，以满足未来人类发展的需要；经济可持续发展模式不是只顾发展不顾环境，而是尽力使发展与环境协调，防止、减少并治理人类活动对环境的破坏，使维持生命所必需的自然生态系统处于良好的状态。从工业化的历史来看，世界许多国家由于在经济发展中没有重视生态和环境，社会经济活动违背客观规律，经济增长的粗放和对资源的过度开发，加之过快的人口增长和消费，对经济建设和资源环境产生巨大的压力，从而造成资源浪费、环境污染和生态恶化，反过来又影响了社会经济的进一步发展，从而破坏了经济建设和人类生存的基本条件。为了实现经济可持续发展，必须摒弃发达国家工业化过程中所实行的不可持续发展经济模式。

经济可持续发展主要涉及农业和农村的可持续发展，能源原材料工业的可持续发展，资源和环境的可持续发展。为此，需要转变经济发展模式，最突出的是改变传统的片面追求产值、偏重工业偏废农业的发展模式。改变曾极大地提高生活水平的以矿物燃料为基础、以汽车工业为核心、一次性物品充斥的西方工业模式。从对自然资源竭泽而渔的做法转向以再生能源为基础、重复或循环利用资源的经济。在处理经济发展与治理环境污染方面，由先发展后治理转向边发展边治理并进一步转向先治理后发展。

第五节　"一带一路"倡议

一、"一带一路"倡议的提出

2013 年 9 月 5 日，习近平主席在哈萨克斯坦访问时提出，为了使欧亚各国经济联系更加紧密、相互合作更加深入、发展空间更加广阔，我们可以用创新的合作模式，共同建设"丝绸之路经济带"，以点带面，从线到片，逐步形成区域大合作。

2013 年 10 月，习近平主席出访东盟国家时提出，中国愿同东盟国家加强海上合作，发展海洋合作伙伴关系，共同建设 21 世纪"海上丝绸之路"。

2013 年国务院总理李克强参加中国—东盟博览会时强调，铺就面向东盟的海上丝绸之路，打造带动腹地发展的战略支点。共建"一带一路"，是中国政府根据国际和地区形势深刻变化，以及中国发展面临的新形势、新任务，致力于维护全球自由贸易体系和开放型经济体系，促进沿线各国加强合作、共克时艰、共谋发展提出的战略构想，具有深刻的时代背景。

2014 年"两会"期间，李克强总理在《政府工作报告》中介绍工作重点时指出，将"抓紧规划建设丝绸之路经济带、21 世纪海上丝绸之路，推进孟中印缅、中巴经济走廊建设，推出一批重大支撑项目，加快基础设施互联互通，拓展国际经济技术合作新空间"。

2015 年 2 月 1 日，推进"一带一路"建设工作会议在北京召开。

2015 年在博鳌亚洲论坛开幕式上，中国国家主席习近平面向各国政要访客，正式提出了建设"一带一路"的倡议，习近平主席发表演讲时表示：目前，已经有 60 多个沿线国家和国际组织对参与"一带一路"建设表达了积极态度；"一带一路"建设的愿景与行动文件也已经制定，亚投行筹建工作迈出实质性步伐，丝路基金已经顺利启动，一批基础设施互联互通项目已经稳步推进。因此，"一带一路"的广阔前景是完全可以预见的。

2015 年 3 月 28 日，国家发展改革委、外交部、商务部联合发布《推动共建丝绸之路经济带和 21 世纪海上丝绸之路的愿景与行动》提出：发挥新疆独特的区位优势和向西开放重要窗口作用，深化与中亚、南亚、西亚等国家交流合作，形成丝绸之路经济带上重要的交通枢纽、商贸物流和文化科教中心，打造丝绸之路经济带核心区。意味着"一带一路"正式上升为国家战略或将成为中国经济的重大转折点。

二、"一带一路"倡议的背景

当今世界正在发生复杂深刻的变化，国际金融危机深层次影响继续显现，世界经济缓慢复苏、发展分化，国际投资贸易格局和多边投资贸易规则酝酿深刻调整，各国面临的发展问题依然严峻，加强区域合作是推动世界经济发展的重要动力，并且已经成为一种趋势。在这样的时代背景下，"一带一路"倡议首先从亚洲发力，以经济走廊为依托，把基础设施互联互通放在首要位置，通过与各国建立合作关系，实现互利共赢。"一带一路"倡议的提出不仅有其时代背景更有古代路上丝绸之路和海上丝绸之路带来的启示。

1. 古丝绸之路的启示

汉武帝年间，张骞出使西域，打通了中原地区与西域地区商业文化交流的通道，即横贯东西、连接欧亚的路上丝绸之路。此后，中国的航海事业逐步得到提高，为谋求更多利益，中国与外国便开始发展海上贸易，因此，带来海上丝绸之路的繁荣。路上丝绸之路和海上丝绸之路不仅为古代东西方商业贸易交往提供重要途径，更为东西方文化互联互通提供交流通道。"一带一路"倡议是中国领导人在观察世界形势发展变化，以我国基本国情为出发点做出的郑重决定。习近平主席提出的"一带一路"倡议构想，意欲挖掘古代"丝绸之路"的灿烂遗产，发扬丝绸之路精神，赋予古老的"丝绸之路"以全新的时代意义，让其承接"中国梦"，实现世界和平与发展。

2. 中国的内在需求

（1）中国深化改革、扩大开放的需求。从1978年开始实行改革开放30多年来，中国的对外开放进入一个全方位、多层次的开放阶段，到了必须寻求均衡发展的新阶段。今后中国的对外开放除了进一步提升沿海开放、向东开放的水平，还要致力于扩大内陆开放，为西部大开发提供新动力。"一带一路"倡议就是必须扩大向西部开放的背景下提出的，以实现发展中的动态平衡。中国改革开放至今，最卓著的一个成果是从改革开放初期高度资本短缺到现在的资本过剩，"走出去"就是为了解决中国目前的产能过剩和资本过剩问题，而"一带一路"倡议则为中国走出去找到了方向，为中国开辟了新的市场和投资空间。就目前而言，中国处在改革的特殊时期，首先是经济增长速度开始变缓，其次是经济结构面临调整，而且还要对前期刺激政策不断消化吸收，基于这样的环境，党中央在"十八大"后提出不断深化改革，扩大改革开放，只有统筹国内、国外两大市场、两大资源，陆续找到驱动经济发展的新动力才能实现国民经济从高速增长到常态平稳增长的"软着陆"。

（2）"一带一路"是中国走和平崛起道路的证明。当下，中国的飞速发展令既得利益者分外眼红，美国政府推出的"重返"亚洲，推行亚太再平衡的策略，便是想挤压中国发展的空间。不仅如此，从"中国崩溃论"到"中国威胁论"，再到"中国责任论"，西方国家不断利用各种论调和手段遏制中国发展势头。中国明确表示，不会走传统大国对外扩张的崛起道路，因此，中国提出构建新型大国关系，即不冲突、不对抗、互相尊重、合作共赢，而"一带一路"倡议就是将这一新型大国关系理念转为实践，以消除人们对中国会实施扩张性崛起的忧虑。

（3）中国对世界的担当。就目前中国的实力来看，中国只能算是一个地区性的新兴大国，是走社会主义道路的、发展中的、具有世界影响力的地区大国。而如今的世界，各种国际问题蔓延，全球治理的需要日益突出。中国多次向国际社会表明立场：中国的发展不会像西方国家那样，通过使用武力来推进，中国希望与全球人民一起，用全球治理方式，为国家所有成员争取生存、发展的平等机会，中国愿意携手世界人民共担责任、共享成果。"一带一路"倡议以基础设施为优先领域，有利于解决实际问题，促进区域治理。由此看来，"一带一路"倡议已经超越经济发展的思维，更有促进世界共同发展的情怀。

当今世界以和平与发展为主题，"一带一路"倡议为世界的发展与合作提供了一个大舞台，中国通过投入资金，调动各国的参与热情，为世界创造新的空间和动力。作为一个横跨多区域的合作平台，"一带一路"具有很大的包容性，它将周边地区放在重点位置，但又不局限于周边位置。作为一个开放性大框架，"一带一路"更是从亚洲延伸到欧洲，甚至到非洲，这是由"一带一路"开放的动态特点所决定的。

三、"一带一路"倡议的意义

1. 经济意义

为适应国际经济新格局的新变化，习近平主席提出"一带一路"的构想，不仅明确了对外开放的新路径，同时将成为中国经济新的增长点。

首先，巩固中国同中亚和东南亚的合作基础。丝绸之路经济带核心理念是加强同中亚和东南亚国家的经贸合作，中国同中亚及东南亚各国历史上有共同的发展经历，文化相通，合作基础坚固。中国新一轮的改革开放举措有利于通过共建"一带一路"丝绸之路形成对外开放新的增长点，所以关键是处理好中国与中亚及东南亚国家的关系，发挥好上合组织和中国东盟自贸区在推动诸边合作中的积极作用，加强互联互通，优势互补，共同发展，共同受益，打造好同西部邻邦及东南亚邻国的友好合作关系。

其次，逐步形成两个辐射作用。海上丝绸之路经济带和丝绸之路经济带以中国加强与周边国家的合作为基础，可以逐步形成连接东欧、西亚和东南亚的交通运输网络，为相关国家经济发展和人员往来提供便利；海上丝绸之路经济带不仅可以巩固和发展我国同东南亚的经贸关系，同时还可以逐步辐射到南亚和非洲等地区，扩大中国的影响力。共建丝绸经济带的倡议之所以深受中亚各国的欢迎和赞同，是因为在已有的上合组织框架下，加快推进丝绸之路经济带建设，具有良好的基础。同时丝绸之路经济带的振兴势必会形成对阿拉伯和东欧国家的辐射作用，其结果有利于新的欧亚商贸通道和经济发展带的形成。对中国来说，可以带动内陆沿边向西开放，相当于扩大西部的发展空间，有利于增强中国的影响力，可谓一举多得。

再次，带动中西部加快改革开放。中国改革开放的实践表明，开放所到之处，经济即进入活跃发展阶段。西部大开发和中部崛起形成于 2000 年之后，同东部沿海相比起步较晚，必须加快对外开放。十八届三中全会提出的推动内陆沿边开放的要求，有针对性地提出了新的重要内容，只要加快推动和落实，将进一步激活内陆和沿边地区的经济发展活力，结合我国周边外交的发展重点，通过开放实现体制和机制的创新，全面提升内陆和沿边开放性经济水平。建设"丝绸之路经济带"可以成为扩大中西部开放、打造中西部经济升级版的主引擎。

最后，促进东部地区的转型升级和对外投资。东部地区经过 30 多年的率先对外开放，已形成了贸易驱动型的外向型增长模式。目前企业面临经济结构转型和海外投资加快发展的新阶段，加快同东南亚的互联互通，加快企业产品结构的升级至关重要。东部省份应寻求与东南亚国家合作的新支点，加大经贸合作力度，以点带面，形成联动发展的新局面。

2. 政治意义

中央提出"一带一路"发展战略，可以看出它对于维护中国政治安全有着极大的意义。它的最高政治目标就是让我们的朋友多多的，敌人少少的——这是"一带一路"倡议的政治大账。我们要从维护国家政治安全的高度看问题，不能用账房先生的眼光、只从狭隘的部门利益多少来看"一带一路"的意义和作用。

"一带一路"倡议旨在使中国发展引擎所驱动的地缘经济潜力形成巨大的正外部性，为相关国家和地区所共享。它展示出中国将自身发展的宏伟愿景与相关国家和地区的发展愿景相结合，将"中国梦"和"亚洲梦""欧洲梦"相连接，支持有关国家改善民生、增加就业和工业化的努力，积极为沿线地区提供国际公共产品，让有关国家安心、舒心、开心。为了消除一些国家的疑虑，中国庄严宣布绝不干涉中亚国家内政，不谋求地区事务主导权，不经营势力范围，而是要相互坚定支持，做真诚互信的好朋友；要将政治关系优势、地缘毗邻优势、经济互补优势转化为务实合作优势、持续增长优势。"一带一路"倡议将是上海合作组织、欧亚经济联盟、中国—东盟（10＋1）、中日韩自贸区等国际合作的整合升级，也是我国发挥地缘政治优势，推进多边跨境贸易、交流合作的重要平台。"一带一路"倡议提出丝绸之路沿线国家合力打造平等互利、合作共赢的"利益共同体"和"命运共同体"的新理念；描绘出一幅从波罗的海到太平洋、从中亚到印度洋和波斯湾的交通运输经济大走廊，其东西贯穿欧亚大陆，南北与中巴经济走廊、中印孟缅经济走廊相连接的新蓝图。

改革开放 30 多年来，我国对外开放取得了举世瞩目的伟大成就，但受地理区位、资源禀赋、发展基础等因素影响，对外开放总体呈现东快西慢、海强陆弱格局。"一带一路"将构筑新一轮对外开放的"一体两翼"，在提升向东开放水平的同时加快向西开放步伐，助推内陆沿边地区由对外开放的边缘迈向前沿。在遵循和平合作、开放包容、互学互鉴、互利共赢的丝路精神，中国与沿线各国在交通基础设施、贸易与投资、能源合作、区域一体化、人民币国际化等领域开展广泛合作。

"一带一路"倡议是我国构筑国土安全发展屏障，摆脱以美国为首国家的不平等国际贸易谈判，寻求更大范围资源和市场合作的重大战略，被称作世纪大战略。这是中国在近 200 年来首次提出以中国为主导的洲际开发合作框架，将彻底摆脱原来依附大国、被动挨打的地缘政治局面。"一带一路"构想旨在使中国发展引擎所驱动的地缘经济潜力形成可持续巨大的正外部性，为相关国家和地区所共享。它展示出中国将自身发展的宏伟愿景与相关国家和地区的发展愿景相结合。

3. 世界意义

打造"一带一路"有助于促进欧亚非大陆腹地不发达地区的经济增长，改变全球经济政治的空间布局和活动方式及其流向，为世界范围内的均衡发展做出新的贡献。

世界发展史表明，世界经济的增长模式及其流向始终受交通运输模式的制约甚至牵引。古代海运不发达，长途运输和交通主要依赖马队、驼队等运输力量，连接中国长安、洛阳，经中亚沙漠通达欧洲的古"丝绸之路"应运而生，其结果是亚洲内陆经济远较沿海地区发达。进入近代以来，航海技术不断发展、跃进，世界海运能力不断提升，使原料、货物经海路从一个大陆远程运送至另一个大陆成为可能，一方面促进世界沿海地区经济繁荣和大都市兴起，另一方面也导致以畜力为主的内陆商道衰落以及内陆地区经济衰退。

进入 21 世纪，世界经济陷入停滞，其根本原因在于全球化只是世界沿海地区的全球化，世界各国政治经济中心城市的全球化，世界经济繁荣与增长只不过是世界沿海地区的繁荣与增长，广大内陆地区并未真正纳入全球经济体系之中，尤其是发展中国家的内陆地区。例如，中国沿海省份较内陆省份人均收入相差数倍，而欧美等国沿海地区的人均收入较中亚等内陆国家的人均收入相差数十倍。显然，仅靠沿海地区的繁荣已不足以刺激以及支持世界经济恢复增长。要促进世界经济增长，只能也应该是从促进内陆地区经济发展中寻找新的增长点。

把世界市场扩大到各大陆贫困的腹地，而打造连通亚欧沿海地区与大陆腹地的"一带一路"倡议将为此提供新型交通运输工具和传输能力，其对世界经济尤其是内陆地区经济的促进和牵引作用将不次于海运对促进世界沿海地区经济增长曾经所起的作用，甚至能弥补海运的不足。万吨巨轮只能停靠海港，却无法把货物直接运往内陆，大陆腹地的货物须经过普通铁路、公路或内河航运转运至沿海港口，再装船经海路远程运送至另一个大陆的沿海港口，然后经铁路、公路或内河航运转至内陆消费地。中国从印度进口铁矿石就是这种运输模式。如果中印之间开通了高铁，印度腹地生产的铁矿石就可经高铁直接运送到中国的炼钢厂，不但节省时间，而且还能省去多次转运的麻烦，从而更节省运输成本。

"一带一路"建设将创造牵引内陆地区及世界经济增长、繁荣的新物流模式、贸易模式和发展平台。可以预见的是，随着"一带一路"的发展，沿途会形成发达的城镇和人口中心、经济活动中心，这些地方沉睡的丰富资源将得到全面、合理的开发，增加全球资源供应量，从而深刻改变全球地缘经济依赖沿海地区这样一个空间布局，世界地缘政治景观也将发生革命性变化。

第二章

畜牧业发展问题研究综述

进入 21 世纪，随着中国社会、经济的稳定发展，畜牧业已经成为当前农村经济中相对独立的支柱产业，一系列惠农、支农政策为畜牧业的可持续发展带来了新的变化。近年来，国内学者对畜牧业发展问题进行了多角度的研究，在畜产品消费行为、畜产品流通、畜牧业产业化、畜牧业可持续发展等方面研究成果丰硕。

第一节　畜产品消费行为

包艳丽等（2013）通过对新疆维吾尔自治区居民主要畜产品消费行为与收入关系的研究表明：新疆维吾尔自治区城乡居民畜产品消费结构不断趋于多元化；农村居民畜产品消费水平仍明显偏低；农村居民畜产品消费结构不合理；随着收入水平的增加，城乡居民对牛肉、家禽的支出意愿将增加，农村居民对羊肉、猪肉的支出意愿将减少。

杨域（2012）指出，畜产品消费是居民最基本的消费，在食品消费中占有非常重要的地位。畜产品消费占食品消费支出的比例，反映了居民生活水平的高低。因此，研究居民畜产品消费及其变化趋势具有非常重要的现实意义。该文通过实地调查、数据统计、计量分析，估算山东省城乡居民畜产品消费水平，分析畜产品消费偏好和消费行为及其变动趋势，以期为科学规划山东省畜牧业发展、有效指导畜产品消费、提高人们生活消费水平与质量等提供一些参考依据。

孟凡东（2012）提出，随着我国对经济可持续发展和资源、环境方面重视的程度不断增加，我国畜牧业的生态发展越来越受到重视，畜牧业的可持续发展问题成为人们关注和研究的焦点。改革开放以来，我国畜牧业生产取得了快速发展和进步，但生产规模快速膨胀的同时，又带来了许多突出的问题和矛盾，成为影响我国畜牧业可持续发展的重要制约因素。

王毅（2013）通过描述我国猪肉价格波动的特征发现，在未来的几年时间，我国国内猪肉生产完全可以满足我国国内猪肉消费的需求，并且在2020年还将会产生300万吨的剩余量。

辛翔飞等（2015）通过梳理我国畜产品消费历史趋势和现状，系统总结了我国畜产品消费的主要特征，深入分析了影响我国畜产品消费正负两方面的因素以及未来我国畜产品消费趋势，并提出了相应的政策建议。

一、畜产品消费意愿

袁学国（2001）对6个省份的省城、地级市、县城、乡镇政府所在地和村庄进行了居民畜产品消费的住户调查，分析了城乡居民畜产品消费偏好和消费行为；通过城乡居民户内购买需求收入弹性的比较发现，城镇居民户内购买奶类、鱼类和牛羊肉的收入弹性比农村高；而农村居民购买猪肉、家禽和禽蛋的收入弹性比城镇高。这反映了现代营养观念对城乡居民畜产品消费有显著影响。

王玉环（2006）指出，对20多年来我国城乡居民畜产品消费特征、趋势及相关问题进行了回顾与分析，研究表明鲜奶、家禽、禽蛋及替代品消费增长较快，牛羊肉、家禽和替代品城乡居民消费量差距拉大，而加工畜产品和原料用畜产品间接增加了畜产品总量的消费，同时城镇化进程、差旅工作、人口流动、亲友聚餐等因素有力地推动了居民畜产品的户外消费。

刘丽红（2010）分析了中国畜产品家庭消费和在外消费现状、消费特点以及影响畜产品消费的主要因素，并根据以上分析，预测了2010年、2015年、2020年中国畜产品消费量和人均消费量，认为中国畜产品消费从整体上来看，处在稳步增加动物性食品消费的"上升"阶段，特别是牛羊肉、禽肉、奶制品还将出现迅速增加的态势。

王舒婷等（2012）指出，改革开放以来我国畜牧业生产得到了长足发展。畜产品消费总体而言在不断上升。现阶段畜产品供求的主要特征是价格增长幅度较大，生产集中度大大提高，资本、技术密集化程度加深，国际市场依赖度增强等。

孙黎黎（2012）指出，随着人们生活水平的提高，对肉类的消费不再只是追求数量而是更加重视质量。目前中国作为猪肉的生产和消费大国，其猪肉的产量已经跃居世界第一位，猪肉的质量安全能否得到保证直接关系到我国居民的身体健康，与此同时也影响到整个社会安定团结的维系乃至我国猪肉在国际市场中的竞争优势。

二、畜产品消费影响因素

冯剑（2013）提出，目前我国正处在食物消费模式转变的关键时期，食物消费结构由以植物性食物为主向以动植物性食物并重的方向发展，分析了在营养约束下的畜产品消费总量的需求潜力、畜产品消费结构及质量趋势，研究结果表明，满足营养需要的畜产品消费所受的约束包括产量约束和居民食品支出的约束。

李建（2006）在对中国牛肉生产和消费做深入分析的基础之上，结合不同地区牛肉消费的特点，利用经济计量方法测算收入水平、牛肉价格及替代品价格对不同地区居民牛肉消费的影响程度，并利用相关调查数据，分析其他影响因素对牛肉消费的影响，并分析这些特征形成的原因。

汤洋（2013）对黑龙江省畜牧业经济效益问题进行分析，揭示了黑龙江省畜牧业经济效益变化趋势、特征与存在问题，明确黑龙江省畜牧业经济效益影响因素，从畜牧业投入因素、市场需求因素以及畜牧业结构因素等多角度进行分析研究。

佟晓晨（2007）提出畜产品消费在中国居民生活消费中占有重要地位。对我国当前畜产品消费情况、影响畜产品消费的因素以及畜产品消费特征进行了分析，并进一步探讨了我国未来畜产品的消费趋势，即畜产品消费结构将进一步优化；畜产品质量成为消费增长的重要制约因素；畜产品总量需求潜力巨大；对加工畜产品的需求不断增加。

马福玉（2013）主要运用因子分析方法对畜产品消费需求量的影响因素问题进行了研究。首先确定了影响猪肉消费的 14 个影响因素，然后通过因子分析对影响因素进行降维处理，接着对因子进行了旋转，进一步修正了因子分析的结果，同时运用主成分分析，对因子个数的科学性进行了验证，最后确定了影响猪肉消费需求的三个主要因子，即需求因子、价格因子和人口因子。

张举荐（2015）运用 SPSS 软件中的主成分分析法和因子分析法，对影响因素的数据进行初步降维处理，然后实证分析，提出推进猪肉多元化以及品牌化消费成为市场主导，推进城乡消费均衡化发展，推进建立预警机制，提高猪肉链供给及控制能力等对策，从而促进河北省猪肉消费的快速发展、保障全省猪肉的供需平衡。

姜兵（2011）利用统计数据对我国猪肉生产和消费的概况及特征进行了描述性分析，提出应该采取有效措施来保证猪肉生产，提高猪肉质量安全，同时降低污染。而根据目前居民生活的特点，在猪肉消费方面，根据不同消费群体合理制定政策，提高加工肉类品种的多样性，满足群众的需求。

徐琛卓（2015）提出，以猪肉为例，根据既定的研究思路，对我国猪肉的消费需求进行了详尽的实证分析，探讨了实证过程中各模型的优缺点和预测的精确性，预测了我国猪肉需求的短期走势。

第二节　畜产品流通

夏文汇等（2006）指出，注重农畜产品流通加工产销物一体化管理，认为产销物一体化是要优化农畜产品加工企业内部经营机制，协调企业内部不同部门之间的关系，其目的是追求企业内部的整体效益。产销物一体化不同于以往所提的产销结合，它包括生产、销售和农畜产品物流三个方面。

向香云（2007）揭示了畜牧业从发展到现在，其产品流通信息不对称条件下的几大矛盾，同时具体分析了信息对称性在生猪肉流通供应链上的分布情况和各个交易主体相应的选择以及由此产生的质量后果，提出了两种相辅相成的改善途径，那就是分离均衡和缓冲技术。

迪娜·帕夏尔汗等（2013）指出西部少数民族地区的畜产品流通不畅、畜产品流通环节过多、畜产品流通基础设施建设滞后等问题，使牧民在经济生活中利益遭受严重损失，农牧民收入增长缓慢。

徐丽丽（2012）提出改革开放以来，内蒙古自治区畜牧业生产能力快速提高，畜产品生产基本能满足全社会的需要。

李腾飞（2015）认为，内蒙古自治区对农畜产品流通组织体系的研究虽然取得了一定成就，但是系统研究比较少，并且在全产业链视角下对农畜产品流通组织体系的研究更是少之又少。

一、畜产品流通效率

焦国生等（2008）认为，只有在大力发展畜产品的同时，加快畜产品市场体系建设，着力搞好畜产品的流通才能变资源优势为经济优势，进一步促进产业的有序、健康发展。

桑笛（2013）分析了伊犁州畜产品物流的发展现状，重点分析了伊犁州现代化畜产品物流的优势、机遇、劣势和威胁，提出了促进伊犁州畜产品现代物流发展的政策与建议。

郭磊（2015）按照牛肉生产顺序对肉牛的饲养收购环节、屠宰加工环节、批发环节和零售环节从市场集中度、市场整合度、投入产出效率和各环节涉及的相关生产指标对影响牛肉流通效率的因素进行分析。

李佳宝等（2016）认为，随着物流业的迅速发展，人们把目光逐渐开始从商业物流转移到了农产品物流行业，通过分析内蒙古自治区农畜产品流通效率较低的主要原因，提出提高内蒙古自治区农畜产品流通效率的对策建议。

二、畜产品流通安全

黄高明（2007）认为，要保障畜产品的安全消费，一个重要的措施是对流通领域的畜产品实行严格监管，切实将动物防疫监督工作提上议事日程。从总体上看，畜产品流通领域面广量大，实施有效的监管难度不小，尤其是仅依赖单一手段效果更差。从实际情况看，各地都在开展监督检查工作，但流于形式的不少，问题没有解决，状况也没有改变。因此对畜产品流通领域的监管，除了必须具备主观上高度认真的重要因素外，从策略上也应采取多种形式、多管齐下的办法，尽可能地采取一切有效的手段强化监管，是取得较好成效的前提。

师志燕（2008）结合内蒙古自治区畜产品物流现状，以现代物流理论为支撑点，探讨适合内蒙古自治区畜产品物流的发展模式及对策。通过分析物流及畜产品物流的基本概念和特点以及国外发展农产品物流的实践经验，描述了内蒙古自治区畜产品的优势及物流的发展现状，尝试构筑内蒙古自治区畜产品物流系统并提出了适合内蒙古自治区实际情况的六种畜产品物流模式——龙头企业模式、批发市场模式、农业中介组织主导模式、第三方物流模式、物流中心模式和电子虚拟供应链模式。

朱启荣（2008）指出，随着人民生活水平的不断提高，动物性食品消费在人们食物消费中所占的比重逐年上升。同时，消费者对畜产品的需求已经由量的增加逐渐转变为对质的追求。近年来，畜产品的质量安全问题已经引起国内外的广泛关注。

刘亚东（2013）提出了完善我国畜产品安全风险评估工作的建议和对策，同时针对我国畜产品安全风险分析框架及畜产品风险评估预警体系的构建提出了自己的看法。

周海玲（2014）建立了消费者对安全认证与可追溯畜产品购买意愿实证分析框架，通过问卷调查的方式收集了青岛市部分消费者的数据，运用 SPSS 软件进行描述性统计分析和多元回归分析

慕乙晓（2015）提出，建立完善的、科学的畜牧行业健康发展大环境，通过强化畜禽良种研发、完善畜禽养殖进入退出机制、加强畜禽养殖科技研发力度、建立环境保护补偿机制、建立全方位的定点屠宰制度、强化畜产品质量安全普法教育等各项举措，使畜牧业真正进入转型升级的快车道，加速向标准化、生态化、现代化发展，通过行业发展来保障畜产品质量安全。

三、畜产品流通模式

陈淑祥（2005）指出，产品流通是畜牧业生产链条中的重要环节，是产品从

生产领域进入消费领域的必由之路。学习和借鉴国外先进的畜禽产品流通体制和法律法规，规范我国畜禽产品流通秩序，健全相关的法律法规，确保流通渠道畅通，才能进行有效的生产和经营，增加畜禽产品附加值，让消费者安全消费、放心消费。

唐柳（2007）基于西藏自治区农畜产品流通体系的现状分析，对"十一五"时期西藏自治区农畜产品流通市场的建设模式进行了探索，提出了建设三大农畜产品流通圈和三级市场体系的基本思路。

李富龙等（2013）指出，随着消费者购买模式的变化、多元化零售业态的形成、电子商务的快速发展、畜产品物流水平的提高、流通渠道的短化、消费者食品安全意识的增强，现有的畜产品供应链体系已不能适应时代发展的要求，在越来越开放、越来越复杂的市场环境下，要确保农村发展、养殖户增收、消费者满意，必须对现有畜产品供应链体系进行变革和创新，构建安全有序、动态高效、功能完善的现代畜产品供应链体系。

王天祥（2014）发现内蒙古自治区现有农畜产品流通模式面临着流通主体组织化程度低、流通成本费用偏高、基础设施薄弱、农户和企业双向违约及农畜产品价格较高的困境。为保障"虚拟型流通"模式良性运转，必须破除制度的路径依赖、加大资金投入和人才引进、健全相关法律法规、加强监管等。

第三节　畜牧业产业化

薛强等（2011）指出，畜牧业产业化组织模式的形成与发展是衡量畜牧业产业化水平的标准之一，是促进传统畜牧业向现代畜牧业转变的重要途径。研究对畜牧业产业化的内涵进行了探讨，在此基础上综述了国内外畜牧业产业化典型组织模式及其特点，并就适合于我国畜牧业产业化不同发展阶段的主导模式进行了结论性评述。

岳富贵（2011）在内蒙古自治区党委"十二五"规划建议（2010年11月）中提出：调整优化农牧业结构，突出发展农区畜牧业，稳定发展现代草原畜牧业，实现提质提效，提高畜牧业产值在第一产业中的比重，推进农牧业产业化经营。以提高农畜产品加工转化能力为重点，支持现有农畜产品加工和流通骨干企业做大做强，培育和引进新的龙头企业，支持和鼓励农牧民发展合作经济组织，建立农畜产品市场，进一步推进农牧业产业化经营。培育农畜产品知名品牌，推动优质农畜产品进入高端市场。

马德元（2011）认为，畜牧业是农业的重要组成部分，随着我国经济的发展，畜牧业取得了快速的发展，为中央解决"三农"问题提供了一条好的途径，但我国畜牧业是在传统畜牧业基础上发展的，必然受到传统经营理念的限制。马德元不仅提出了我国畜牧业发展的一些特点，还提出了推进畜牧业产业化是发展现代畜牧业的必然选择。

朱马别克·别肯（2015）认为，畜牧业产业化作为畜牧业现代化的最佳选择，其在提高农牧民家庭收入，发展牧区经济综合效益等方面起到重要作用。因此，要提高该区畜牧业的综合效益，选择畜牧业产业化的模式已是当务之急。

第四节　畜牧业可持续发展

哈鸿儒（2006）提出，草原畜牧业可持续发展所面临的问题分为纵向和横向两个方面，纵向即指畜牧业发展的过去、现在和未来；横向即指草原畜牧业同其他产业间以及草原同人口、资源、环境关系方面面临的问题。给出以下几个方面的政策建议：一是合理利用草原，建设草原，保护生态；二是加强草原基础设施建设；三是进一步加强畜产品基地建设，发展畜产品加工企业，打造优势羊肉品牌；四是加强市场建设；五是做好牲畜品种改良和经济杂交工作；六是推进奶牛业科学规范的发展；七是进一步加大牧业产业化投入，提高效率。

白文宁（2007）从自然环境、经济基础与社会历史的角度分析了内蒙古自治区制约畜牧业发展的主要因素，以及内蒙古自治区畜牧业可持续发展的战略选择，提出内蒙古自治区畜牧业可持续发展的战略原则与基本思路以及实施畜牧业可持续发展战略的对策。

张鹤（2010）认为，草地是发展畜牧业的基础，同时畜牧业是鄂尔多斯市牧区经济的基础，也是鄂尔多斯市国民经济中不可缺少的产业部门。因此，畜牧业健康可持续的发展，对鄂尔多斯市经济发展具有特别重大的意义。

马杰华（2014）以广州市畜牧业可持续发展为研究对象，对都市型畜牧业可持续发展进行分析，揭示当前广州市畜牧业发展的"瓶颈"，进一步提出解决广州市畜牧业可持续发展的政策与对策。

第五节　研究述评

综观以上关于畜牧业发展的研究，在研究视角上多以单一视角进行，如畜牧业产业化、畜牧业产品市场、畜牧业产品消费行为、畜牧业产品流通研究；研究对象上多以单一案例区进行研究，很少出现对多个案例区畜牧业发展的对比研究。因此，本书在前人研究基础之上，选取具备畜牧业发展基础和优势的蒙古国与中国内蒙古自治区作为研究对象，通过对蒙古国、内蒙古自治区牧区的牧户以及消费者进行调研，识别蒙古国与内蒙古自治区牧户生产行为、畜产品消费行为的主要影响因素。并结合相关计量经济学的模型，对蒙古国与内蒙古自治区的畜产品消费行为、牧民生产行为做了系统分析。最后运用因子分析法对内蒙古自治区畜产品的流通效率进行了评价，寻找内蒙古自治区在畜产品流通方面的优势以及存在的主要问题。同时结合蒙古国对华贸易来衡量和评价蒙古国与内蒙古自治区之间的畜产品流通"瓶颈"及改进的策略，进而为我国"一带一路"倡议的实施提供借鉴。

第三章

内蒙古自治区草原畜牧业的可持续发展

内蒙古自治区草原畜牧业有着悠久的发展历史，深厚的文化底蕴，在地区经济和广大牧民的生产生活中具有极其重要的地位。草原畜牧业是内蒙古自治区最具特色的传统基础产业之一，具有得天独厚的资源优势、区位优势、文化优势，经过近几十年的发展，畜牧业产值在农业中的比重不断上升。畜牧业的发展对于调整农村牧区经济结构，发展现代农牧业起到了导向作用。但由于人口、经济和制度等方面的影响，内蒙古自治区草原牧区的生态环境恶化，导致草地生产力和载畜量不断下降，制约了内蒙古自治区草原畜牧业的可持续发展，并进一步威胁到牧区经济和社会的可持续发展。

在"一带一路"发展战略中，内蒙古地区是沟通中蒙俄的桥梁，拥有独特的区位和资源优势。内蒙古自治区畜牧业发展应该借鉴周边国家的发展经验，引进先进的技术和发展理念。通过与周边国家的互联互通，优势互补，提高畜牧业产业化水平。

第一节　内蒙古自治区草原畜牧业的特点与优势

一、草地资源丰富

内蒙古自治区是我国五大牧区之一，生产地域特色突出，拥有广袤的天然草原，牧草种类繁多，草质良好，牲畜喜食的禾本科和豆科优良饲草占 1/3 以上，畜牧业生产条件优于种植业。内蒙古自治区草原在区划上由六大草原组成，自东向西依次是呼伦贝尔草原、科尔沁草原、锡林郭勒草原、乌兰察布草原、鄂尔多斯草原和阿拉善草原，东西直线距离 2400 多公里，南北跨距 1700 多公里。根据草原植被特征，内蒙古自治区境内的草原主要属于草甸草原、典型草原和荒漠草原。

呼伦贝尔草原是内蒙古自治区东北部的草原，位于大兴安岭以西，由呼伦湖和贝尔湖而得名。地势东高西低，海拔在 650～700 米，总面积约 93000 平方公里，天然草场面积占 80%，是世界著名的三大草原之一。牧草肥厚茂盛，每平方米可生长 20 多种上百株牧草，有"牧草王国"之称，出口到日本等国家，因而成为内蒙古自治区主要的牧区。出产的肉、奶、皮、毛等畜产品因绿色无污染，备受国内外消费者青睐。

科尔沁草原在内蒙古自治区东部，其范围在东经 120°～124°、北纬 42.5°～47°，处于西拉木伦河西岸和老哈河之间的三角地带，西高东低，绵亘 400 余公里，面积约 42300 平方公里。科尔沁草原历史上曾为"地沃宜耕植，水草便畜牧"之地，享有"黄牛之乡"的盛誉，特别以蒙古牛、科尔沁牛、西门塔尔牛著称。近年来，由于对草原的不合理利用，生态平衡遭到破坏，草场退化和土壤沙化严重。

锡林郭勒草原位于内蒙古自治区中部，北与蒙古国接壤，地势由东南向西北方向倾斜，东南部多低山丘陵，盆地错落，西北部地形平坦。可利用草场有 18 万平方公里，植物种类丰富，为畜牧业生产提供了良好的生态环境。有乌珠穆沁肥尾羊、草原红牛、苏尼特羊、内蒙古细毛羊等一系列优良畜种，天然有机畜产品在国内市场享有美誉。锡林郭勒草原是目前世界上温带草原中原生植被保存最完好的天然草场，是目前我国最大的草原与草甸生态系统类型的自然保护区，在草原生物多样性保护方面具有重要地位。

乌兰察布草原分布于内蒙古自治区乌兰察布市一带，位于东经 109°~113°、北纬 40°~43°，中蒙国境线以南，阴山北麓丘陵地区以北。海拔在 1500 米以上，年降水量在 150~250 毫米。昼夜温差大，素有"早穿皮袄午穿纱，抱着火炉吃西瓜"之说。乌兰察布草原总面积 7 万平方公里，以荒漠草原为主，包括大陆性草原、高山草甸子草原和半农半牧区草原，南部多开辟为旱作农田。乌兰察布草原的环境退化主要反映在已经开垦的旱作农田地区的沙漠化发展，而其形成原因是由于过度农垦及农业经营方式不合理所造成的。草原内部干旱少雨，风大沙多，草群低矮，覆盖度低，但地势平缓或低洼部位成为天然牧场。这里有草原仙境——苏木山，草原温泉——岱海，草原赛九寨——红召九龙湾，草原火山群，神舟家园——格根塔拉草原，鲜花遍布的高山草甸——辉腾锡勒草原。

鄂尔多斯草原位于内蒙古自治区鄂尔多斯市杭锦旗锡尼镇西南 9 公里处，属半荒漠草原，三面为黄河所环抱，南部以古长城为界，总面积约 7 万平方公里。有丰富的畜产品资源，包括阿尔巴斯白山羊、鄂尔多斯细毛羊、绵羊毛、山羊绒等。

阿拉善草原位于内蒙古自治区的最西端，为荒漠草原，主要分布在部分戈壁、滩地、丘陵、部分山地和沙漠湖盆地带。草场类型分为山地草甸、温性草原、温性荒漠草原、温性草原化荒漠、温性荒漠和低地草甸。拥有天然荒漠草地 17.54 万平方公里，其中可利用草地面积 9.79 万平方公里。有"大漠孤烟直，长河落日圆"的苍凉景象，是中国著名的"骆驼之乡"，其中的白骆驼是珍贵品种。阿拉善双峰驼、白绒山羊是重点保护的优势畜种。由于自然和人为因素的共同作用，特别是 20 世纪中后期以来对森林、草原的过度利用及矿产资源的无序开发，使阿拉善草原大面积退化、沙化。草地生产力下降了 30%~50%，植被覆盖度下降了 50%~80%，可食性牧草由 130 多种减少到 20 多种，杂草、毒草丛生，成为草原生态环境极度脆弱地区。

天然草原是内蒙古牧区畜牧业生产及生活资料的来源，更是维持该地区及周边地区生态平衡的分布面积最大的自然生态系统。据统计，2015 年内蒙古草原总面积为8666.7万公顷，占全区总面积的73.26%，其中可利用草原面积6818万公顷，占全区草原总面积的79%，是我国最大的草场和天然牧场。内蒙古草原有野生饲用植物793种，约占全区植物总数的36.59%，其中主要饲用植物200多种，占饲用植物总数的25%。草地资源年生物总贮量约680.8亿公斤，其中可食干草总贮量约408.57亿公斤。

畜牧业作为内蒙古自治区的基础产业和优势产业，为内蒙古自治区经济发展和社会稳定做出了巨大贡献，为全国各地输送了大量优质的畜产品。近年来，内蒙古草原保护建设工作不断加强，积极推行草原家庭承包经营、草畜平衡和天然草原禁牧休牧轮牧制度，加大草原执法力度，组织实施了退牧还草等工程，畜牧业保持稳步发展。2014年，牧业从业人员有95.70万人，人工种草保有面积356.00万公顷，围栏草场面积新增81.40万公顷，畜棚面积为15121.28万平方米，畜圈面积为16633.41万平方米。

表3-1　2013年五大牧区草原总面积　　　　　　　单位：千公顷

地区	内蒙古	新疆	青海	宁夏	西藏
面积	78804.5	57258.8	36369.7	3014.1	82051.9

资料来源：《中国统计年鉴2015》。

表3-2　内蒙古草原建设及利用情况　　　　　　　单位：万公顷

分类 ＼ 年份	2013	2014
承包到户面积	8800.00	8800.00
草场面积	6940.00	6940.00
围栏草场面积	2815.83	3092.48
当年新增面积	114.72	81.40
人工种草保有面积	332.52	356.00
当年种草面积	186.27	205.21
飞机播种面积	1.41	0.85

资料来源：《内蒙古统计年鉴2015》。

二、畜种资源优良

内蒙古自治区不同的草原生态类型，培育出不同类型的牲畜品种，是我国畜种资源最丰富的省区之一。优良品种有三河马、三河牛、科尔沁牛，毛肉兼用的内蒙古细毛羊、乌兰察布细毛羊，毛用的鄂尔多斯细毛羊、科尔沁细毛羊，肉用的乌珠穆沁羊、苏尼特羊、呼伦贝尔羊，绒用的内蒙古白绒山羊、乌珠穆沁白绒山羊，还有阿拉善双峰驼等。其中，三河牛是我国唯一适应高寒地区环境的乳肉兼用型选育品种；乌珠穆沁羊以肉质鲜嫩无膻味而颇受消费者的青睐；白绒山羊是中国绒用羊品种之宝，以"纤维宝石""软黄金"在国际市场上享有盛誉。

近年来，牧区加大了优良畜种的保护、开发和利用，通过提纯复壮和建设标准化畜群，提高了优良畜种的单产和品质。同时，还积极引进了国外的优良畜禽品种，利用杂交优势，提高了畜群质量。全区良种、改良种牲畜占全区牲畜总头数比重达到93%，基本实现了畜禽良种化，为市场提供优质高端的畜产品奠定了基础。

内蒙古自治区是全国畜肉产品供应的重要生产基地。2014 年，牲畜总头数7078.6 万头，其中，牛的出栏率为54.99%，绵羊的出栏率为114.71%，山羊的出栏率为91.94%，马的出栏率为36.87%，骆驼的出栏率为19.23%。2015 年，肉羊存栏1.07 亿只，占全国的18.8%，居全国首位；肉牛存栏829.8 万头。牲畜总头数保持平稳增长的态势。

（万头）

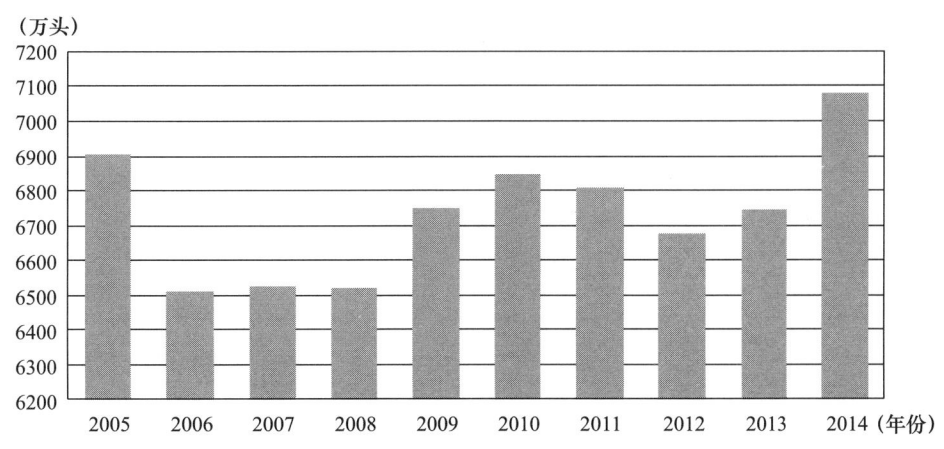

图 3 - 1　2005 ~ 2014 年内蒙古自治区牲畜总头数

资料来源：《内蒙古统计年鉴 2015》。

三、畜牧业产业化发展

畜牧业不仅是内蒙古自治区特色经济中的重要组成部分，而且是内蒙古自治区国民经济的支柱产业之一，畜牧业产业化格局基本形成。肉羊养殖已经形成草原牧区、农牧交错区和农区三大优势区域；奶牛养殖包括土默川、河套平原、锡林郭勒盟和乌兰察布市农牧交错区、科尔沁草原和西辽河平原区、大兴安岭西部地区的五大牛奶生产区；肉牛优势产区为东部传统肉牛养殖区和中西部新兴肉牛养殖区。

畜产品加工业发展迅速，已成为内蒙古自治区的优势支柱产业。全区以畜产品为原料的加工制品种类达 26 种，牛奶、细毛羊、羊绒、羊肉产量均居全国第一位，奶制品、无毛绒、羊绒制品、牛羊肉、活羊、地毯等产品畅销国内外。乳制品加工业、肉类加工业、毛绒加工业三大畜产品加工业规模以上工业总产值占内蒙古自治区规模以上工业总产值的比重不断增加。2014 年，全区奶牛养殖业产值占农牧林渔业比重达到 21.1%，乳制品加工业占农畜产品加工业比重达 7.8%。全区已形成一批畜产品加工知名企业与品牌，乳制品加工业的两大品牌——伊利、蒙牛年产值合计超千亿元，销售额分别居世界乳制品企业第 10 位和第 15 位；以小肥羊、蒙羊等品牌为代表的肉类产品加工业和餐饮连锁企业遍布大江南北；以鄂尔多斯、维信和兆君等品牌为代表的毛绒加工业在国内外市场享有很高的知名度，2016 年，鄂尔多斯品牌价值 808.55 亿元，荣登中国 500 最具价值品牌排行榜第 43 名。

畜牧业养殖方式的转型升级，促进了草原牧区牧业生产稳定发展。牧区积极推进草牧场规范流转，引导扶持家庭牧场，提升养殖户的组织化程度。2015 年，各类家庭牧场有 3.5 万个，参与家庭牧场经营户达到 5 万户，占牧户总数的 11%。全区肉羊、奶牛、肉牛规模化程度分别达到 68%、80% 和 44%。内蒙古自治区肉牛的畜群规模、品质质量在北方主产区具有较强优势，内蒙古自治区东部为肉牛优势产区，包括通辽市的科尔沁肉牛产业、赤峰市的昭乌达肉牛产业和呼伦贝尔市的肉牛养殖业。由于牛对草原的破坏程度小于羊，而且养牛的收益比养羊高，内蒙古自治区中西部正在发展成为新兴肉牛养殖区，锡林郭勒盟为保护草原生态，积极调整牛羊结构，提出"减羊增牛"的政策措施，大力发展优质良种肉牛产业，促进畜牧业的转型升级；乌兰察布市和鄂尔多斯市采用"公司＋家庭牧场"的生产组织模式，发展高端肉牛养殖业。

2014 年，内蒙古自治区羊肉产量 933319 吨，占全国羊肉总产量的 22.7%，居全国首位；牛肉产量 545309 吨，占全国牛肉总产量的 7.9%，居全国第 3 位；奶产品产量 7970837 吨，居全国第 1 位，远远超出其他省区；绵羊毛产量 121525 吨，山羊绒产量 8284 吨，居全国首位。内蒙古自治区农牧业产业化资金的 60% 以上投向了肉羊产业。在产业化的带动下，全区共有 213.4 万户农牧民进入产业化经营链条，农牧民通过农牧业产业化渠道实现人均纯收入 4390 元，占农牧民人均可支配收入的 44%。2015 年，畜牧业产值达到 1158.5 亿元，全国排名第 9 位，占农牧业产值的 42.1%。

表 3 - 3　2014 年内蒙古自治区畜产品产量

年份	牛肉（吨）	羊肉（吨）	奶产品（吨）	山羊毛产量（吨）	绵羊毛产量（吨）	山羊绒（吨）	牛皮（万张）	绵羊皮（万张）	山羊皮（万张）	驼绒（吨）
2010	497288	892444	9456580	12579	107452	8104	346014	3681.21	1306.98	400.30
2011	497270	872444	9314439	12561	106600	7644	336.60	3923.86	1179.68	421.00
2012	512174	886875	9307014	12437	104190	7642	364.11	4010.04	1227.13	537.00
2013	517862	888029	7785547	10154	110532	7901	362.17	4040.16	1276.43	511.24
2014	545309	933319	7970837	10450	121525	8284	308.06	4199.08	1173.74	468.47

资料来源：《内蒙古统计年鉴 2015》。

四、畜牧业扶持政策

2007 年以来，我国畜牧业发展进入转型升级阶段，国家出台了一系列支持畜牧业的政策措施。内蒙古自治区在综合分析畜牧业环境承载能力、资源禀赋条件的基础上，也提出了切实可行的政策措施。这些政策对于增加畜产品供给、提高农牧民养殖积极性、保护农牧民利益，发挥了重要的作用，是畜牧业产业化发展的关键推动力量。

2007 年，国务院下发了《关于促进畜牧业持续健康发展的意见》，明确提出了要构建现代化畜牧业产业体系，提高畜牧业综合生产能力，保障畜产品供给和质量安全。这一年国家直接投向畜牧业的资金投入累计近100亿元。2007年畜禽良种补贴总额为4.6亿元，2008年升至6亿元，2009年补贴品种增加了肉牛和肉羊，补贴总额增加到9.9亿元。2011年，农业部出台《全国畜牧业发展第十二个五年规划（2011～2015年)》，提出了着力构建畜禽的标准化生产体系、牧草种业、饲草料产业、现代畜牧业服务、饲料和畜产品质量安全保障、草原生态保护支撑等"六大体系"，强调要稳步提高畜产品综合生产能力，确保饲料和畜产品质量安全，提升草原生态保护建设能力和水平等。中央财政逐渐加大了对畜牧养殖基地建设、畜产品加工及相关的仓储、物流、信息网络建设的投入，提高了畜牧业的综合生产能力。

在国家相关政策的指导及相关项目的推动下，内蒙古自治区各地积极采取各项措施，促进现代畜牧业的发展，在推行草畜平衡、开展禁牧休牧和划区轮牧、基本草牧场保护等制度方面，走在了全国前列，草原植被得到了明显恢复和改善，草原生产力有了较大幅度的提高。2014年，内蒙古自治区全面落实草原生态补偿政策，严格实行阶段性禁牧和草畜平衡制度，在26个旗县开展了基本草原划定工作，草原建设总面积为340.42万公顷。在国家草原生态建设和保护项目的示范带动下，内蒙古自治区草原生态建设成效显著。2014年，草原面积为8800万公顷，当年新增围栏草场面积为81.4万公顷，人工种草保有面积为356万公顷。

内蒙古自治区畜牧业科技成果推广体系基本形成，在农牧业生产第一线进行各种形式的技术承包、技术服务、技术咨询和技术培训活动，提高了农牧业新技术覆盖率和优良品种的覆盖率，有力地促进了内蒙古自治区现代畜牧业的发展。支持种畜禽场特别是种羊场基础设施建设，提升良种供应能力，"十二五"时期，累计扶持新建种羊场300多个，培育发展了5家种公牛站，内蒙古自治区已经成为全国最大的牛羊种生产输出基地。通过大力推进良种繁育体系建设，有效提高了种公羊使用效益，加快地方良种选育和提纯复壮，个体产出均有大幅提升。从全区"肉羊千万高产创建工程"连续实施5年效果来看，苏尼特羊胴体重提高2.2公斤，经济杂交肉羊胴体重提高3公斤以上，单产明显增加，优势畜种实现了从单纯以数量扩张型向质量效益型转变。

在2013年内蒙古自治区提出的"8337"的发展思路中，提到要把内蒙古自治区建成绿色农畜产品生产加工输出基地，更加注重生态建设和环境保护，做好"三农三牧"工作。中央提出推进供给侧结构性改革以来，内蒙古自治区根据畜牧业"一羊独大"的区情，提出了"稳羊增牛"的发展思路，积极调整优化农牧业结构，落实新一轮草原生态补奖政策，改良天然草场，发展人工草地，实施退牧还草、退耕还草工程，扩大优质牧草种植面积，提高草原载畜能力。注重畜产品优势产区的建设，包括五大牛奶生产区、肉牛养殖区和肉羊养殖区。编制了《内蒙古自治区千万头肉牛发展规划（2016～2020年)》，提出了巩固发展东部肉牛优势产区、培育发展牧区和西部新兴高端肉牛产区的发展布局。目前，优势产区牛奶、牛肉、羊肉产量已经占到全区总产量的89%、72%和83%，形成了集聚效应。2013年，在呼伦贝尔和锡林郭勒两大草原牧区推进肉羊可追溯试点工作，对提高羊肉质量和附加价值，打造草原羊肉品牌，宣传草原畜产品绿色无污染的品质起到了积极的示范作用。

第二节　内蒙古自治区畜牧业可持续发展的制约因素

一、畜牧业总产值比重较低

从发展上看，在内蒙古自治区农牧业经济中，畜牧业一直呈现较快的发展势头，畜牧业产值呈稳步发展的趋势，占第一产业的比重有较大幅度的上升，但与畜牧业现代化发展水平还有一定的差距。发达的畜牧业是一个区域或者一个国家农业现代化的重要标志，国际上衡量农业现代化发展水平的标准是畜牧业产值要占农业产值的50%以上。2004年，内蒙古自治区畜牧业总产值为37.47亿元，占农业总产值的比重为44.01%，首次超过了种植业的比重。截止到2015年，畜牧业产值达到1160.9亿元，比"十一五"末增长40.9%，占到农业总产值的42.2%。内蒙古自治区畜牧业产值还没有达到农牧业产值的一半以上，这与内蒙古自治区农牧业大区的地位不相匹配，与农牧业发达国家可以高达70%的比重相比，差距更大。近年来，各级政府实施了畜牧业生产扶持政策，但存在补贴额度低、补贴规模小、措施不配套、没有形成合力等问题。畜牧业投入在数量、结构、对象和方式等方面，仍不能适应畜牧业转型发展的迫切需要。农牧业结构中畜牧业比重仍然较低，没有充分发挥内蒙古自治区农牧结合的双重优势，"为养而种"推进畜牧业发展的目标还没有实现。

表 3-4　2005~2015 年内蒙古自治区农林牧渔业总产值及畜牧业占比

年份	总产值	农业	林业	畜牧业	渔业	畜牧业占比（%）
2005	980.2	473.9	39.8	444.6	7.2	45.4
2006	1058.5	542.2	49.0	439.2	9.1	41.5
2007	1276.4	620.4	63.7	559.7	10.9	43.8
2008	1525.7	716.6	72.7	699.6	11.8	45.9
2009	1570.6	731.9	78.2	721.4	12.7	45.9
2010	1843.6	900.5	76.6	822.4	15.9	45.4
2011	2204.5	1057.9	93.1	998.3	23.5	45.3
2012	2449.3	1172.0	97.8	1118.9	26.1	45.7
2013	2699.5	1328.0	96.1	1208.5	29.0	44.8
2014	2779.8	1408.4	96.4	1205.7	29.1	43.4
2015	2751.5	1418.3	99.4	1160.9	30.8	42.2

资料来源：《2015 内蒙古统计年鉴》。

二、可利用草原面积和生产力下降

内蒙古自治区畜牧业的发展依赖于得天独厚的天然草原，但是随着自然气候条件的变化，牧区对草原掠夺式的生产方式，政府对草原保护投入的不足，草原沙化、退化严重，草原面积在缩小。这种缩小不仅是草原面积总量上的减少，还表现为草原生产力的下降。目前，内蒙古草原面积比 20 世纪 80 年代减少了大约 388.6 万公顷，呼伦贝尔草原由于过度开垦及过度利用等原因，比 20 世纪 80 年代减少了 134.73 万公顷。草原类型中减少幅度最为明显的是典型草原和草甸草原。虽然政府对草原保护投入的力度在增加，但投入的数量依然有限，由于牧区经济结构单一，牧民对牧业生产的投资不足，基础设施建设落后，总体上草原生态建设的速度仍赶不上草原沙化、退化的速度。内蒙古自治区西部的阿拉善草原基本被沙漠包围，中部的乌兰察布草原、东部的科尔沁草原、锡林郭勒草原正面临严峻的沙化问题，广大牧民的收入处于贫困状态。2010 年，内蒙古自治区草原总面积为 8800 万公顷，可利用草原面积为 6818 万公顷，到 2014 年，可利用草原面积为 6800 万公顷，下降了 18 万公顷，草原生态恶化的趋势没有被有效遏制。草原退化也使草地鼠虫害加重，鼠类啃食牧草的根茎，抑制了牧草的生长，导致草原载畜量降低。近年来，内蒙古自治区草地鼠虫害呈严重的上升趋势，受害面积越来越大、危害程度较重，造成了草原生态环境的进一步恶化。据统计，1998 年鼠虫害面积为 850.8 万公顷，2004 年达到 2472.3 万公顷。2013 年，草原鼠害危害面积为 4835.3 万公顷，治理面积 1310.2 万公顷；草原虫害面积 6103.3 万公顷，治理面积 1522.7 万公顷。

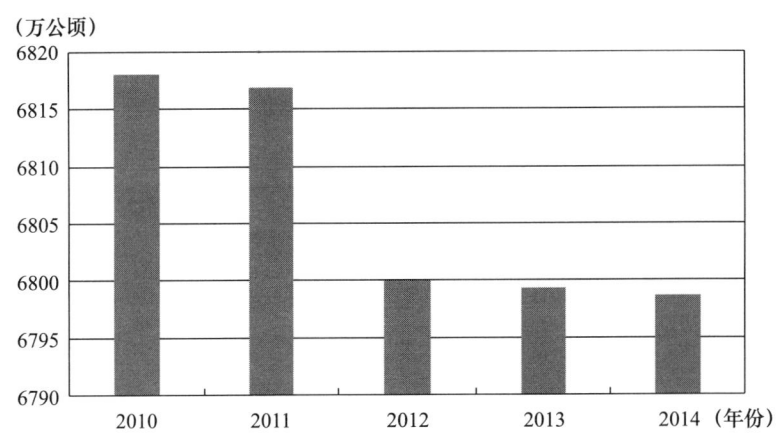

图 3 - 2　内蒙古自治区可利用草原面积示意图

资料来源：《2015 内蒙古统计年鉴》。

草原生产力（指草原生产饲草的能力）呈现不断下降的趋势。草原上适合饲养牲畜的饲草种类和数量都在减少。有研究结果表明，近 20 年，内蒙古自治区超过 80% 以上的旗县草地生物单产和可食牧草单产下降趋势显著，有近四成的地区生物单产和可食牧草单产下降幅度为 25% ~60%；76% 旗县的可食牧草产量占生物单产比重明显下降,下降幅度有的高达35%。适口性和营养价值较高的优良牧草所占比重在减少,而适口性差的杂草和有毒的植物比重在增加。这对于牲畜的饲养极为不利,牲畜因饲草不足体重下降,甚至因食用毒草而死亡,给牧业生产造成了严重损失,草畜矛盾已成为阻碍畜牧业发展的主要原因。

三、畜种结构不合理

牲畜在畜牧业生产中具有特殊的作用,既是生产资料也是生活资料,畜种结构指不同种类畜禽数量在畜禽总数中所占的比重。在传统畜牧业的发展过程中,牧民为了保护赖以生存的草原,不得不考虑草原环境承载能力和自然资源自我恢复和修复能力,尽量减少对草原生态环境的破坏,采取了游牧的生产经营方式,并逐渐形成了"五畜"的畜种结构。草原畜牧业也是牛、马、绵羊、山羊和骆驼等"五畜"的饲养活动过程。植物生产和动物生产是整个草原生态循环中的两个重要环节,在草原畜牧业的再生产过程中是紧密结合在一起的。马、牛、羊、骆驼等食草家畜以植物制造的有机质为食料和能量来源,生产肉、乳、毛、皮等畜产品,在保护草原生态平衡方面有着不可替代的重要作用。山羊和骆驼吃叶类植物,绵羊和牛则吃青草,由于不同牲畜对植物喜好有差别,因而它们采食过程中互不干涉,这样就可以更好地利用草场,还能提高劳动生产率。此外,牛、马、骆驼等大牲畜在畜牧业生产和牧民的生活中起到了十分重要的作用,既是人们的交通工具,又常常被当作必需的运输工具,马作为骑乘工具,方便了牧

表3-5 2010~2014年内蒙古自治区牲畜头数 单位:万头、万只

年份\种类	牛	马	绵羊	山羊	骆驼
2010	929.4	70.3	5782.0	2626.0	12.1
2011	956.3	77.0	5886.0	2461.9	12.6
2012	1015.8	79.4	6245.8	2359.6	14.9
2013	1047.4	74.7	6668.7	2356.0	15.5
2014	1078.5	80.8	7716.8	2374.3	15.5

资料来源:《2015内蒙古统计年鉴》。

民的出行；牛是游牧移动时的主要交通工具；骆驼则是长途运输的工具。一定数量的不同种类牲畜的存在，不仅未对草场产生破坏，反而是对草原生态进行必要补充的重要因素之一。

畜牧业进入现代化发展阶段，牧区的生产生活需要发生了变化，消费者对畜产品的需求也不同，导致畜种结构的变化。随着牧区经济的不断发展，牧民出行由现代交通工具代替，牧业生产使用现代化机械用具，对牛、马、骆驼等大牲畜的交通和役力需求减少。牧民不重视大牲畜的饲养，造成马、骆驼等大牲畜的数量下降。此外，由于大牲畜的生长周期较长，消耗饲草料多，经济效益不高，牧民觉得饲养大牲畜不划算，在畜群总数中所占的比重在减少。羊有极高的使用价值，不但肉食、奶食不可少，羊毛、羊皮也为日常生活所必需，羊生长周期短的优势在生产中也日益被重视。人们生活的逐渐改善对肉类的需求增加，羊在牲畜中所占比重逐渐增长。毛绒加工业的发展，也增加了对山羊、绵羊的需求。2014年，内蒙古自治区牲畜总数为7078.6万头（只），其中大牲畜为839.9万头，羊为5569.3万头（只），占牲畜总数的比重分别为11.87%和78.68%；大牲畜中，牛的数量在增加，比2013年增加了18.2万头。这是因为人们对奶类消费的快速增长，奶牛饲养逐渐被重视，牛肉由于肉质鲜美、营养丰富，味道独特而受到消费者的青睐，在肉类消费中的比重逐渐上升，但是占牲畜总头数的比重依然较低，

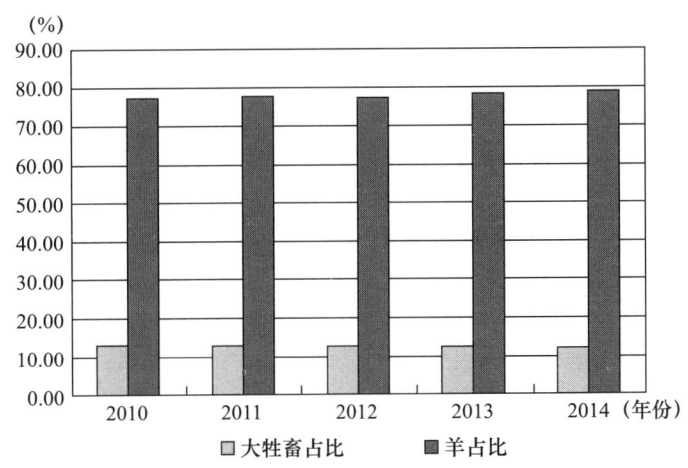

图3-3　2010~2014年大牲畜和羊占牲畜总头数的比重

资料来源：《2015内蒙古统计年鉴》。

为 8.9%。马的数量为 81.72 万头，骆驼的数量为 13.82 万头。由此可见，目前，内蒙古自治区畜牧业的畜种结构不合理，羊的比例较高，而牛、马、骆驼等大牲畜的比重较低，影响了草原生态平衡和畜牧业经济的发展。

四、畜产品区域品牌建设不完善

内蒙古自治区畜牧业在各项政策实施的推动下，生产能力明显增强，目前，内蒙古自治区已具备年产 700 万吨牛奶、250 万吨肉类、12 万吨绒毛的综合生产能力，全区销售额在 500 万元以上的农畜产品加工企业已达 1849 家。畜产品品牌的知名度和美誉度也在不断提高，全区现有中国驰名商标 66 个，获得农业部农产品地理标志登记保护证书的产品 57 个。伊利、蒙牛、鄂尔多斯、鹿王、小肥羊、草原兴发、科尔沁牛业等畜产品品牌受到消费者的认可，成为内蒙古自治区对外宣传的名片，而内蒙古自治区大草原绿色天然无污染的资源环境是内蒙古自治区畜产品品牌的特色和内涵。

表 3 - 6　内蒙古自治区畜产品知名品牌

品牌名称	加工业类型	创建时间	品牌价值（亿元）
伊利	乳制品加工	1993 年	173.50
蒙牛	乳制品加工	1999 年	103.44
鄂尔多斯	毛绒加工	1981 年	247.55
小肥羊	肉类加工	1998 年	112.69
鹿王	毛绒加工	1985 年	60.55
草原兴发	肉类加工	1993 年	150.00
科尔沁牛业	肉类加工	2002 年	14.98

区域品牌是一个地域范围内的某个行业或某种产品在较大范围内所形成的具有较高影响力的一种整体形象，代表的是该地区某行业或产品的特色及其在消费者心目中的地位。在内蒙古自治区畜产品区域品牌建设中，乳制品和羊绒制品的品牌建设成效显著，乳制品企业伊利、蒙牛和羊绒制品企业鄂尔多斯已经进入世界最有价值品牌行列。而肉类加工企业的畜产品区域品牌建设亟待完善，内蒙古

草原品牌滥用现象严重。市场上各种标注来自内蒙古大草原的肉类产品良莠不齐，影响了草原肉类产品的区域品牌优势，和其他产地的肉类价格基本没有差距，价格优势难以体现。肉类产品掺假、售假、压等压价等违法违规行为，降低了消费者对品质优良的内蒙古自治区肉类产品的购买信心和有效需求。在肉类畜产品品牌中，"乌珠穆沁""苏尼特"等区域品牌是国家驰名商标，"锡林郭勒羊肉"品牌是原产地标志，但在品牌宣传和维护上缺乏有效措施，品牌价值难以体现。锡林郭勒草原上生长的肉羊食用的是绿色无污染饲草料，羊肉品质优良，安全性高，受到广大消费者的认可。有些不良商贩却把其他产地的肉羊运到牧区当成苏尼特羊、乌珠穆沁羊来出售，不仅损害了锡林郭勒草原羊肉区域品牌形象，消费者的品牌信用度也在降低，使真正的苏尼特羊、乌珠穆沁羊难以卖出较高价格，失去市场竞争优势，最终影响草原肉类产业的长远发展。

现代化的肉类加工企业是建设区域品牌主要的和基本的主体，政府、行业协会和牧户是参与主体。内蒙古自治区现有国家级龙头企业38家，自治区级龙头企业556家，但是龙头企业和农牧民建立紧密利益联结的比重仅为30%，畜牧业生产的组织化程度和市场化程度较低。龙头企业面对的是千家万户的散户，难以保证畜产品的品质，牧户也面临市场风险，经济收入无法提高。市场上精加工、高档次的畜产品较少，畜产品加工标准体系不健全，畜产品的检测机制也不完善。这些因素影响了龙头企业、牧户参与区域品牌建设的积极性，品牌建设条件亟待改善。

第三节　内蒙古自治区畜牧业可持续发展的基本思路

一、推动畜牧业供给侧结构性调整

畜牧业供给侧结构性调整，主要目标是增加牧民收入，保障畜产品有效供给。要提高畜牧业供给质量，以市场为导向，优化供给结构，跟上消费需求升级的节奏，提高畜牧业的综合效益和市场竞争力。加大力度对畜牧业生产结构进行调整，注重畜牧业发展方式的转变。

畜牧业内部生产结构包括畜种结构、品种结构、畜群结构以及产品结构。内蒙古自治区畜种主要有牛、羊、马、骆驼等。长期以来，内蒙古自治区畜牧业的畜种结构是"一羊独大"，形成了以羊为中心的发展格局。而经济和社会发展阶段不同，人们的生产生活需要发生了变化，所形成的畜种结构也要进行调整，以满足消费者对肉类产品的新需求，实现畜牧业向现代化的转变。牛由于具有肉用、役用、乳用等多种用途，具有较高的经济价值，发达国家畜牧业的畜种结构是以牛为主，如美国畜牧业的60%靠养牛业支撑，其中肉牛业占41%，奶牛业占19%。内蒙古自治区畜牧业向现代化的转型升级，稳定肉羊生产是内蒙古自治区畜牧业生产结构调整的前提，发展养牛业是畜牧业生产结构调整的重点。

内蒙古自治区肉牛产业的发展潜力和发展空间较大，具有发展肉牛养殖的资源条件及养殖经验，相对于肉羊养殖，肉牛养殖的经济效益较好。因此，内蒙古自治区要采取积极、有效的措施，推动肉牛养殖业的发展，做好优势产区的产业发展规划，提高对养牛户的政策补贴和技术支持，扶持肉牛规模化养殖企业。积极与国内科研院所合作开展肉牛育种相关技术研究，为广大农牧民提高优良的肉牛新品种。适度调整畜群结构，提高母畜比例，加快畜禽周转。加快奶牛业的发展也是畜牧业生产结构调整的重心之一，要提高奶牛的生产效率和单产水平，有效降低奶牛养殖成本，提高养殖效益。通过增加牛在牲畜总数中所占的比重，稳定羊的数量，实现畜种结构的合理化，增加经济效益，在提高牧民收入的同时保持草原生态系统的平衡。

加快转变畜牧业发展方式，实施引种、饲草料种植、品种改良、纯种扩繁、屠宰加工、产品销售的全产业链模式。推行标准化、规模化养殖，发展家庭牧场、养殖联户等新型经营主体。积极探索高效的生产模式，如建立"企业供种＋集约化养殖示范＋农牧民养殖扩繁＋协议收购"利益联结机制。做好肉类产品的精深加工，开发高端附加产品如生物制品。采取"互联网＋畜牧业"的方式，加强电商销售平台建设，开拓消费市场。

注重马产业和骆驼产业的发展，不仅有巨大的经济价值，也具有重要的生态价值和文化价值。随着经济社会的发展，马产业、骆驼产业的发展呈现出了较好的发展势头，马肉、骆驼肉在国际市场上大受欢迎，马奶、骆驼奶因其独特的营养价值也受到消费者的青睐，市场价格较高。此外，马和骆驼的副产品综合利用价值非常高，可以用于生物制品，市场前景广阔。内蒙古自治区有着独具魅力的马文化和骆驼文化，要依托丰富的蒙古马和骆驼资源，在养殖、加工、销售、营销等方面进行财政投入，构建集良种繁育、规模养殖、产品加工、功能研发、文化传承为一体的现代化产业体系，使马产业、骆驼产业成为内蒙古自治区畜牧业经济发展的新增长点。

二、深化畜产品可追溯体系建设

内蒙古自治区是我国重要的畜产品生产加工输出基地，畜产品的质量安全是畜牧业可持续发展的重要因素。2016 年自治区政府先后出台《加快推进重点食品追溯体系建设的实施意见》《加快推进重要产品追溯体系建设实施方案》，明确指出要加快建立食用农畜产品和重点食品的追溯体系建设，这对提高食品安全可信度、企业竞争力和政府监管具有重要意义。近年来，我国一系列重大食品安全事故的爆发进一步警示建立食品可追溯体系的必要性与重要性。内蒙古自治区在"一带一路"倡议框架下，全面推进绿色农畜产品生产加工输出基地的建设，畜产品质量安全可追溯体系对于解决生产者和消费者信息不对称、强化生产过程的监督管理具有重要的作用。虽然内蒙古自治区畜产品可追溯体系建设初见成效，但全区只有部分大型食品生产制造企业已经实现了可追溯，参与体系的企业数量依然较少，可追溯体系尚未能为控制畜产品安全问题、提高畜产品质量发挥积极作用。

畜产品可追溯体系中的三大主体是生产企业、消费者和政府，可追溯体系的建设，需要政府科学、合理、有效的资金和政策支持，以提高生产者和消费者的积极性，共同分担可追溯畜产品额外的生产成本，实现可追溯体系的有效运行。

一是政府要积极引导企业认识畜产品可追溯体系获得的市场效应，使畜产品加工企业成为可追溯体系的建设主体，从生产环节设置可追溯的养殖信息，在保障畜产品质量安全的同时，提高草原畜产品的识别度，扩大草原品牌的影响力，实现优质的价格。

二是政府要从强化畜产品安全责任的视角出发，要兼顾供应链上各个参与环节的利益，综合考虑参与主体的投入、承担的风险和质量安全控制能力等因素，运用科学的决策方法对参与可追溯体系的企业给予适当的财政补贴，调动企业的生产积极性，降低产品的价格，吸引消费者。

三是规范可追溯畜产品质量认证机制，制定严格的监管措施，保障可追溯信息的真实性，注重技术标准的统一性和规范性，提高消费者对可追溯畜产品的信任程度，满足多样化的消费需求。

四是畜产品可追溯信息管理要实现与互联网的融合，建立统一的追溯信息服务平台，实现全产业链可追溯管理。强化生产链采集信息的连续性和真实性，消除生产流通环节的监管漏洞，培育可信度高的市场环境，提升畜产品可追溯机制的运行实效。

三、实施区域品牌战略

随着经济发展和市场需求的变化，实施区域品牌战略将是内蒙古自治区畜牧业现代化发展的重要途径。区域品牌战略可以推动畜牧业产业的区域化布局，专业化发展。通过区域品牌的建立，共享品牌效应，也是畜产品生产加工企业的品牌发展之路。区域品牌是一个地域范围内的某个行业或某种产品在较大范围内所形成的具有较深影响力的一种整体形象，体现了地域性、品牌效应和产业特色。畜产品区域品牌是在某区域范围内形成的具有一定知名度、美誉度和市场占有率的品牌，是众多经营者集体行为的共同结果，与特定产地有十分密切的联系，具有地理特征、资源优势和文化内涵，成为消费者识别产品的重要标志。

内蒙古自治区是绿色畜产品的重要生产基地，草原品牌在消费者心中已有一定的认知度和美誉度，如锡林郭勒苏尼特羊肉、乌珠穆沁羊肉、科尔沁牛肉等。要充分利用好这一有利资源，做好区域品牌的建设，体现草原畜产品"绿色天然"的区域优势。在内蒙古自治区草原畜产品生产中，独特的自然条件，如气候、草场以及饲养方式，使其具有营养丰富、绿色安全的优良品质，这为草原畜产品建立区域品牌奠定了基础。培育草原畜产品区域品牌的现实意义如下：其一，区域品牌向消费者显示的是草原畜产品的资源优势和区位优势，以及由此所形成的质量特征，使消费者对畜产品的隐性质量产生信任感，并愿意为这些质量特征支付一定的价格。由此可见，区域品牌的建立可以使草原畜产品生产的资源优势和特定区域优势转化为市场竞争优势。其二，草原畜产品生产经营者的小规模化以及畜产品加工企业以中小企业为主的现实，使其难以独立地进行品牌化经营。只能通过政府统一规划，由行业协会、合作经济组织以及龙头企业为主体来创建区域品牌。区域品牌的建立可以促进畜产品生产的规模化，降低畜产品品牌经营成本。

但是，由于区域品牌具有公共物品的特性，也就产生了"搭便车"问题、负外部效应以及"劣品驱逐优品"的现象，使区域品牌形象提升成为一个难题。因而区域品牌的质量认证和质量监管就显得十分必要，否则就会出现"公共草地的悲剧"。需要政府主管部门、农民专业合作组织和行业协会对草原畜产品区域品牌进行如下的建设和管理：

一是对区域品牌进行商标注册。注册的区域品牌受到法律保护，避免区域品牌被冒用、滥用，从而维护品牌形象，发挥对畜牧业产业和企业品牌、产品品牌的带动作用。草原畜产品在市场中以"地域名称＋产品名称"的品牌形式流通，比单独采用企业品牌或产品品牌更能产生影响力。如"锡林郭勒羊肉"品牌申请注册了原产地标志，在全国市场具有较高的知名度和美誉度，促进了地区经济的发展。

二是建立利益分享与惩戒机制。规范区域品牌的使用管理制度，实行严格的市场准入制，控制对区域品牌的使用。作为区域品牌主要经营者的各级地方政府或行业协会、合作经济组织，要按照畜产品质量标准体系，对申请使用区域品牌的企业进行严格审核。对获准使用的企业加强畜产品质量和市场运作的监管，约束经营者行为，促进良性竞争，对未经许可擅自使用区域品牌的企业给予严厉处罚。通过利益分享与惩戒机制，激发品牌主体积极建设区域品牌，减少或杜绝损害品牌的行为，为草原畜产品区域品牌提供良好的发展环境。

三是进行整合营销传播。在区域品牌营销传播过程中，将各种营销传播手段进行整合，向社会公众传递区域品牌的文化内涵、地理环境、产品品质等信息，促进消费者品牌忠诚的形成。政府和行业协会要积极组织畜产品加工企业参加招商引资洽谈会、博览会、展销会等，加强品牌传播力度。借助节日、论坛、竞赛等形式宣传区域品牌，提高区域品牌的认知度。运用新型传播媒介工具，如微信、微博、微电影等微传播渠道，实现品牌推广的即时性，形成良好的口碑传播效应。如政府部门通过创建微信公众号宣传区域品牌，有助于提升区域品牌的公信力和传播的有效性。

四、提升草食畜牧业的效益

草食畜牧业是现代畜牧业的重要组成部分，既能有效缓解人畜争粮矛盾，改善居民膳食结构，又可促进循环经济发展和生态环境保护，主要为市场提供牛羊肉、乳制品等草食畜产品。2015 年农业部发布的《关于促进草食畜牧业加快发展的指导意见》提出，缓解草食畜产品供需矛盾，必须大力发展草食畜牧业，今后一个时期，我国草食畜牧业发展要以肉牛、肉羊、奶牛为重点。2015 年中央一号文件明确提出"加快发展草牧业，促进粮食、经济作物、饲草料三元种植结构协调发展"。2016 年农业部制定的《全国草食畜牧业发展规划（2016 ~ 2020年)》中指出，草食畜牧业的发展目标是初步构建现代草食畜牧业的生产体系、经营体系、产业体系。2016 年中央一号文件进一步提出"优化畜禽养殖结构，发展草食畜牧业"。这些政策的出台为加快草食畜牧业发展奠定了坚实的基础。

内蒙古自治区在发展草食畜牧业上有着得天独厚的自然条件，是草食畜牧业发达的地区。内蒙古自治区农牧业资源丰富，现有耕地 913 万公顷，可利用草原面积 6800 万公顷，草地资源丰富，大气环境、水环境、土壤环境优良，对于发展以草资源、气候、种植业生产为基础的草食畜牧业提供了优质的发展环境，能够生产出绿色安全的草食畜产品。随着膳食结构的调整和消费水平的提高，对优质牛羊肉的需求与日俱增，乳制品的销售量一直呈稳步上升趋势。2020 年我国羊肉市场需求将达到 535 万吨，牛肉市场需求将达到 889 万吨，给内蒙古自治区草食畜牧业发展提供了广阔的市场空间。在"一带一路"发展战略中，内蒙古自治区处于中蒙俄经济走廊建设的核心区域，是沟通中蒙俄的桥梁，拥有独特的区位优势，将成为我国向北开放的重要窗口，这为内蒙古自治区建设外向型绿色农畜产品生产加工输出基地创造了条件。在国内外市场需求拉动与政策引导下，内蒙古自治区草食畜牧业将步入一个新的发展阶段。

一要科学合理地利用草原，为草食畜牧业打牢饲草基础。要进一步加强对沙化、退化、盐碱化草场的恢复性保护，对草场的退化程度、产草量、有毒草含量等进行监测，并根据监测结果，确定合理的载畜量。完善恢复期内草场的生态补偿制度，提高补偿力度，形成配套机制。加大对天然草场的改良力度，通过草原补播、灌溉等措施，使草原得到有效的更新复壮，最大限度地提高草场的承载能力。扩大优质牧草种植面积，提高草原的品质和产草量，进一步缓解草畜矛盾，增强可持续发展能力。

二要增加科技投入，加快科技创新和科技转化。草原畜牧业科技投入的资金来源以政府的公共投入为主，企业及其他事业单位积极参与的多元化投资渠道，但依然存在畜牧兽医站等基层技术推广机构经费短缺的问题，制约了草原畜牧业科技的快速发展。世界上畜牧业发达国家的科技进步贡献率已达80%以上，科技成果转化率已达70%左右。内蒙古自治区农牧业科技进步贡献率达到49.4%，科技成果转化率为30%左右，与畜牧业发达国家和地区相比，仍有较大的差距。作为我国畜产品主要生产基地，内蒙古自治区要加强对草原畜牧业科研投资的强度，优化投入结构和投入总量，积极引导非政府部门投资草原畜牧业技术的研发、推广，发挥企业、农牧民组织、科研院所在草原畜牧业科技投入和科技创新中的重要作用。高度重视安全、优质、高效的饲料生产技术、畜产品加工技术以及农业资源综合循环利用技术的研发，实现畜牧业资源的深度开发和可持续利用。加强良种繁育、疫病防控、草地综合治理等技术的联合攻关，突破关键领域的技术"瓶颈"，全面提升草食畜牧业产业竞争力。

三要发展外向型草食畜牧业。内蒙古自治区要利用好中蒙俄经济走廊建设核心区域的地缘优势，发展外向型草食畜牧业，建立健全与国际要求接轨的草食畜产品质量标准体系，使内蒙古自治区的畜产品与国外市场能够很好地衔接起来，实现畜产品的国际化。草原畜牧业是中蒙两国的传统优势产业，内蒙古自治区和蒙古国草原畜产业合作有独特的地缘优势。基于"一带一路"倡议的实施和中蒙俄经济走廊的建设，内蒙古自治区与蒙古国在畜牧业及其畜产品加工行业的合作潜力巨大。应充分发挥各自的比较优势，以技术合作为先导发展互补性合作，提升畜产品的市场竞争力，拓展畜产品的销售市场，实现"双赢"。内蒙古自治区可以和蒙古国在饲草料基地、牛羊肉生产加工基地和奶源基地建设方面开展深度合作，为绿色安全畜产品的生产提供优质的原料，提升畜产品的整体质量与国际竞争力。强化内蒙古自治区畜产品国际市场开发能力，加强出口销售网络和贮运体系的建设，对畜产品专用物流技术和设备进行投资，提供物流全程的冷链服务。积极推进畜牧业信息网络、可视技术等信息技术的使用，促进畜牧业物流信息化建设，保障畜产品的质量安全，把内蒙古自治区建设成为外向型绿色农畜产品生产加工输出基地。

第四章

蒙古国畜牧业经济

第一节 蒙古国的基本情况

一、独特的区位因素

蒙古国地处亚洲中部，最北端为蒙古东萨彦岭，最南端为奥日宝格嘎熟宝日陶勒盖，最西端为马尼特山，最东端为毛德泰哈木尔。南北两端相距 1259 公里，东西两端相距 2392 公里。蒙古国国土面积为 1564116 平方公里，是世界上国土面积第 19 大的国家，也是仅次于哈萨克斯坦的世界第二大内陆国家。人口约 300 万人，是世界上人口密度最小的国家。蒙古国可耕地较少，大部分国土被草原覆盖。北部和西部多山脉，南部为戈壁沙漠。约 30% 的人口从事游牧或半游牧。蒙古国人主要信仰喇嘛教（藏传佛教），主要民族是蒙古族，有哈萨克族、图瓦族人等少数民族分布于西部。2014 年，国内生产总值约 125 亿美元，人均国内生产总值 4512 美元。国民总收入为 250 亿美元，人均约 8000 美元，是国际竞争力较弱、经济发展水平较低的国家。

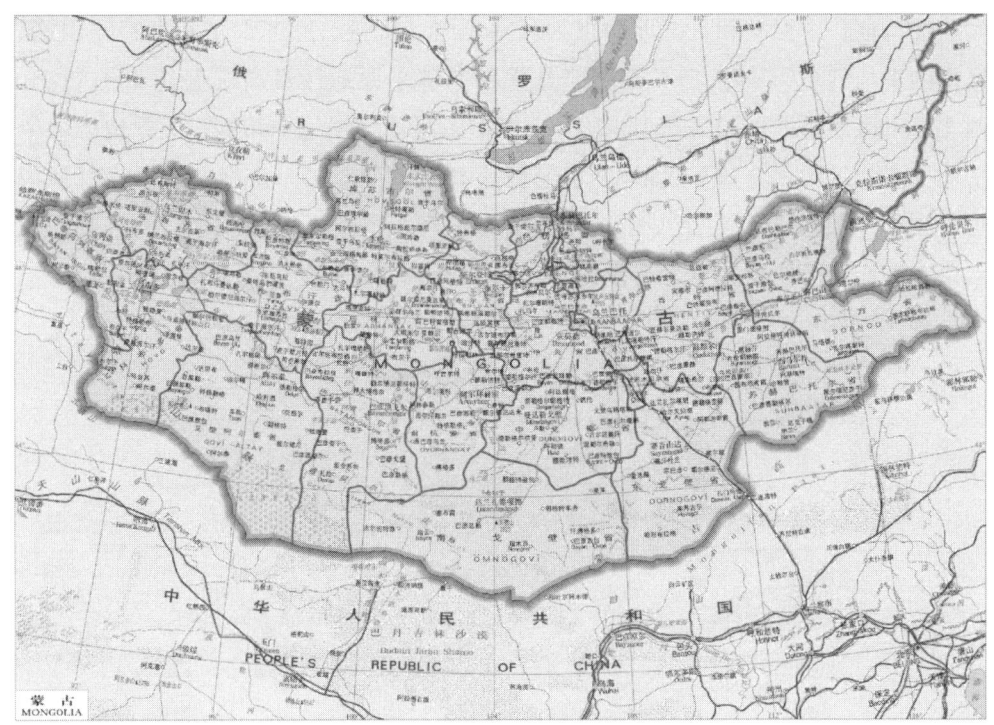

图4-1　蒙古国示意图

蒙古国是典型的内陆国家，地处亚欧大陆的中部，位于蒙古高原，平均海拔1580 米。蒙古国的地理状况随着区域地带各有特点，地形上明显地分为西北部高山区、北部山地高原区、东部平原区和南部戈壁区。西部山地区域大多数海拔高度达到2000 米以上，有很多雪山。中部及北部主要分布着茂密的森林和生长着树木的山脉，这里覆盖着满目的绿色植物。东部绵延着宽广的亚洲草原，南部是戈壁和沙漠地带。蒙古国由于没有出海口，使得其经济发展受到制约，但处在中国和俄罗斯两个大国中间，北部与俄罗斯接壤，边界线长3485 公里；东、西、南三面与中国接壤，边界线长4710 公里，具有得天独厚的地缘优势，可以和中国、俄罗斯开展自由贸易往来，也为蒙古国的经济发展提供了便利的条件。

二、严酷的气候条件

由于蒙古国地处内陆，自然地理状况对其气候有非常大的影响，具有强烈的大陆性特征，季温差和日温差均很大。阿尔泰、杭盖、库苏古尔和肯特等山区，夏季的平均气温为 14~15℃；南部戈壁和东部平原地区最高气温达 40℃ 以上。西北部山区冬季的平均气温为 -30~-25℃，最低气温达 -40℃；戈壁地区冬季平均气温为 -30~-15℃，最低气温达 -38℃。春季（5~6 月）较短，气候温暖；夏季（7~8 月）昼热夜凉，气候较为凉爽；秋季（9~10 月）天气变幻无常，有可能突然变冷甚至下雪；冬季（11 月至来年 4 月）漫长，气候寒冷。

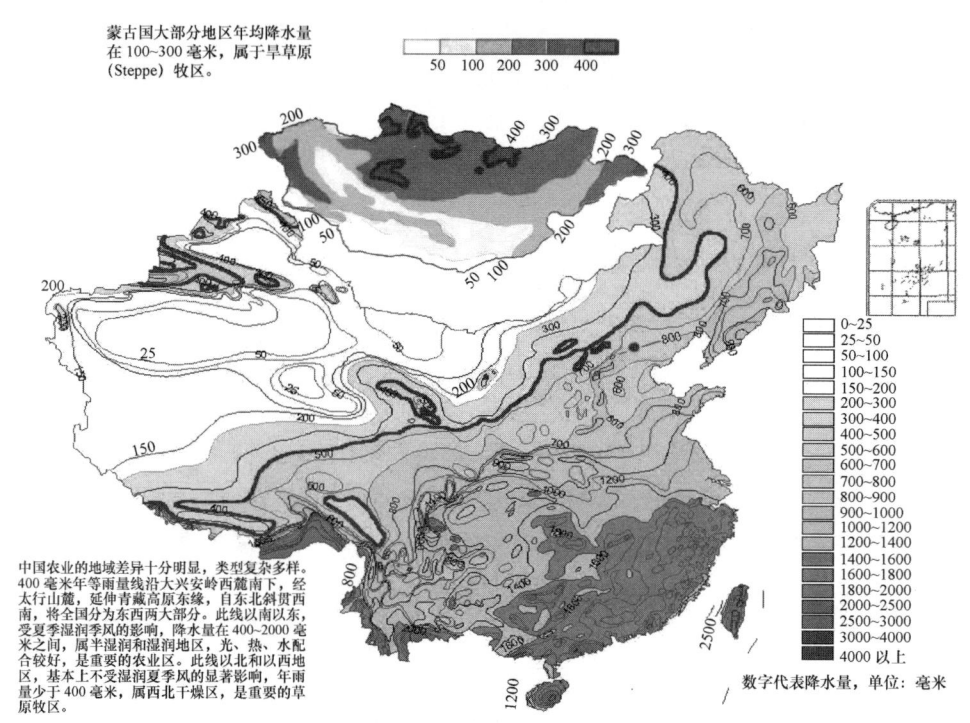

蒙古国大部分地区年均降水量在 100~300 毫米，属于旱草原（Steppe）牧区。

中国农业的地域差异十分明显，类型复杂多样。400 毫米年等雨量线沿大兴安岭西麓南下，经太行山麓，延伸青藏高原东缘，自东北斜贯西南，将全国分为东西两大部分。此线以南以东，受夏季湿润季风的影响，降水量在 400~2000 毫米之间，属半湿润和湿润地区，光、热、水配合较好，是重要的农业区。此线以北和西地区，基本上不受湿润夏季风的显著影响，年雨量少于 400 毫米，属西北干燥区，是重要的草原牧区。

数字代表降水量，单位：毫米

图 4-2　中国、蒙古国年均降水量对照示意图

　　蒙古国干旱少雨、冬季漫长、夏季短暂，具有温带大陆性气候特征，对畜牧业的发展影响较大。蒙古国年平均降水量为 200~300 毫米，北部多于南部，降水主要集中在夏季。尤其是近年来，蒙古国降雨量明显下降，使草原植被面临长期干旱缺水的状态，牧草生产量持续下降，草场逐渐退化，气候变化成为蒙古国草原荒漠化加剧的主要原因之一。此外，冬季严寒气候带来的雪灾，牲畜成群地冻死，对畜牧业生产造成了严重损失。草原畜牧业作为蒙古国国民经济的支柱产业，面临严峻的挑战。

三、丰富的自然资源

蒙古国可利用土地面积为 15646.64 万公顷。其中，草原面积占土地利用面积的 76%，适宜种植业的面积占 2%，水域面积占 1%。森林面积为 1530 万公顷，森林覆盖率为 10%，主要分布于肯特、库苏古尔、杭盖和阿尔泰等省区的山区地带。木材总蓄积量为 12.7 亿立方米，其中，落叶松占 72%，雪松占 11%，红松占 6%。

森林中有大量的野生植物、药用植物和多种沙棘类型的灌木。蒙古国的土地上有各种毛皮类动物栖息和繁殖，有狩猎价值的动物包括旱獭、黄羊、鹿、麝等。

矿产资源有煤炭、石油、铜钼矿、金矿、萤石矿、磷矿等，储量非常丰富。其中铜矿储量丰富，初步探明储量 20 亿多吨，居亚洲第一位。发现含黄金矿区 300 多处，初步探明储量 3400 多吨。磷矿初步探明储量 60 亿吨，居亚洲第一位，世界第五位。铁矿储量丰富，初步探明储量为 20 多亿吨。从能源资源来看，目前发现煤矿床 250 处，初步探明储量高达 1500 亿吨。石油储量 60 万～80 万桶，其中一半以上储量在与中国接壤的东、南、西部地区 13 个较大的盆地。据初步勘测铀矿储量约为 140 万吨，居世界前十位。

由于全球性气温与蒸发量同步上升，导致蒙古国大量河流、湖泊干涸，土地荒漠化加速，许多动植物种群正在迅速减少，一些种群濒临灭绝。蒙古国政府从 20 世纪 90 年代开始注重建立自然保护区，为保护野生动物特别是戈壁熊、野马和野骆驼等濒危野生动物创造了条件。辽阔的蒙古草原已成为野生动物的乐园，全世界共有黄羊 100 多万只，而生存在蒙古国的就达 80 多万只，被列入世界红皮书的野驴在蒙古国大量繁殖，蒙古国也是世界上拥有野马最多的国家。

蒙古国旅游资源丰富，较好地保存了游牧传统。除首都乌兰巴托外其他主要旅游地点有哈尔和林古都、库苏古尔湖、特列尔吉旅游度假胜地、成吉思汗旅游点、南戈壁、东戈壁和阿尔泰狩猎区等。2014 年，蒙古国共有 50.6 万外国旅客入境。入境旅客的 51% 为中国籍，15% 为俄罗斯国籍，9.3% 为韩国籍，3.7% 为日本国籍，3.0% 为美国籍，18% 为其他国家游客。2014 年蒙古国公民出境人数达 167.77 万人次，其中 84% 为因私出境。"一带一路"倡议为蒙古国和中国、俄罗斯的经贸合作开辟了广阔的发展空间，蒙古国将大力发展游牧旅游业，力争将蒙古国打造成国际游牧旅游中心。

四、严峻的经济形势

20 世纪 90 年代以后，蒙古国实行私有化改革，并于 1997 年 1 月加入世界贸易组织，蒙古国经济开始复苏并呈现较快增长态势。2005～2008 年，蒙古国经济保持持续稳定增长。2009 年受全球金融危机和矿产品价格大幅下跌影响，蒙古国经济呈现负增长。2010 年，在国际市场矿产品价格不断升温的影响下，经济快速复苏，实现国内生产总值（GDP）增长 6.1%。2011 年，全球矿业进入繁荣期，蒙古国"矿业兴国"战略渐现成果，同时拉动了相关产业和基础设施建设发展，国内生产总值（GDP）同比增长 17.3%，蒙古国经济出现了前所未有的迅猛发展势头。2011 年度，蒙古国对外贸易总额首次超过 100 亿美元，达到 114.2 亿美元。中国是蒙古国最大投资国。据蒙古国外国投资局统计，1990～2012 年，在蒙古国共登记来自世界 110 个国家和地区的直接投资 98.26 亿美元，设立外资企业 11642 家。其中，中资企业 5737 家，直接投资额 34.84 亿美元，投资领域涵盖贸易、餐饮服务、建筑工程及建材生产、畜产品加工和食品生产等行业。

2012 年 6 月 4 日，蒙古国大呼拉尔通过了《战略领域外国投资协调法》，将矿产资源、金融、媒体通信三个领域列为关系国家安全的战略性领域，并对外国投资者，尤其是外国国有投资或含国有成分的投资者投资战略领域设置了更严格的投资限制。《战略领域外国投资协调法》生效后，严重影响外国投资者对蒙投资信心，导致大批外资公司撤出蒙古国，2013 年，外资公司数量为 390 家，比 2012 年减少了 384 家。2013 年 9 月，蒙古国大呼拉尔通过新《投资法》，虽然修改后的《投资法》比较有利于吸引外资，但因蒙古国法律法规的稳定性和连续性差，税收政策的缺陷以及蒙古国部分政治家们的民粹主义行为影响了外国资金的流入。迄今为止，蒙古国吸引外资的状况仍没有明显改观，外商对蒙古国政策的不稳定性心存疑虑，投资者处于观望状态，外国投资增长缓慢，经济依然处于下行状态。2014 年蒙古国的外国直接投资仅为 5.8 亿美元，同比下降 74.6%。2015 年上半年外国投资还出现了负增长，全年外国直接投资同比下降 85%。2016 年，在蒙古国的外资公司数量仅为 157 家。

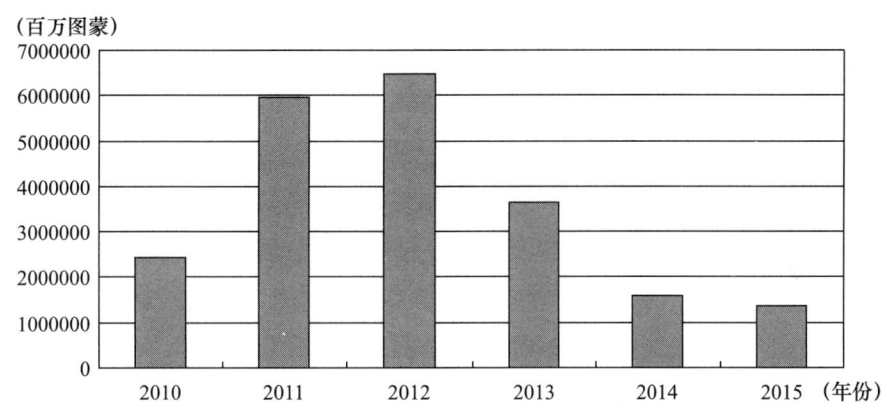

（百万图蒙）

图 4 - 3　蒙古国的外国直接投资

表 4 - 1　蒙古国外资公司数量（2008 ~ 2016 年）

年份	2008	2009	2010	2011	2012	2013	2014	2015	2016
外资公司数量（家）	1551	613	769	933	774	390	335	157	157

资料来源：根据蒙古国中央银行公布数据编译制作。

随着新兴市场的需求放缓以及受到国际市场矿产品价格波动的影响，使蒙古国出口陷入低迷，主要出口的煤炭、铁矿石、原油价格大幅下降，外贸逆差扩大。蒙古国经济增幅大幅下滑，2014 年，其经济增幅从连续三年两位数的高位增长跌至一位数，同比增幅仅为 7.8%。2015 年继续下降至 2.3%，2016 年下跌至 1.4%，经济形势不容乐观，通胀率持续高位运行。到 2016 年 9 月，蒙古国的外汇储备只有 11 亿美元，并且背负着 5.8 亿美元的债务；另外，蒙古国政府债务占 GDP 之比也非常高。数据显示，从 2011 年开始，它的债务和 GDP 之比已经超过 50%，之后每年逐步攀升，现在已经接近 80%。

但是，自然资源丰富的蒙古国依然有着巨大的发展潜力，随着新政府出台的一系列经济政策的实施，将减少对采矿业的过度依赖，新兴的旅游业将成为蒙古国经济发展的新动力。而国民经济的基础产业畜牧业借助草原丝绸之路的平台，将焕发出新的活力，从而使蒙古国经济发展跨入正常轨道。

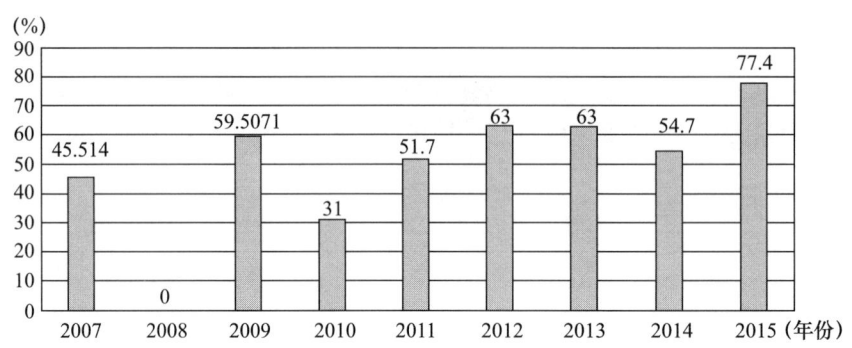

图 4 - 4　蒙古国政府债务占 GDP 百分比

第二节　蒙古国畜牧业的发展历程

蒙古国在 1921 年人民革命前，畜牧业是蒙古国经济的唯一产业，国民收入的 90% 是由畜牧业提供的。但是由于当时社会生产力仍然较低以及受到严酷的自然环境、落后的医疗条件和各种自然灾害的影响，草原畜牧业处于缓慢发展阶段。1918 年喀尔喀地区有 64.75 万人口，有 964.56 万头牲畜，但 70% 的人口是没有牲畜的穷人，牲畜绝大多数集中在王爷和寺院手中。这一时期畜牧业经济属于粗放经营，国家也没有政策的指导，其生产过程受自然环境的约束性较强，风险较大，不安定因素较多。

1921 ～ 1990 年是蒙古国转型之前的发展阶段。1921 年蒙古人民革命党领导的人民革命胜利，同年 7 月建立君主立宪政府。1924 年 11 月 26 日废除君主立宪，成立蒙古人民共和国。这一时期废除了封建牧奴制，草原畜牧业管理体制向合作经济、国营公有经济体制转变。国家明确提出大力发展农牧业生产、加速发展草原畜牧业的政策措施。不仅制定了发展草原畜牧业的远景规划，还加大了投资力度，包括重视牲畜棚圈的建设，在牧场建立供水点保障牲畜饮水，完善兽医服务设施，加快推进农牧业机械化，增加饲料的储备。全国各地纷纷出现了农牧业合作社、国营牧场和饲料场，1990 年，农牧业合作社有 255 个，国营牧场有53 个，饲料场有 20 个。草原畜牧业在国民经济中的重要基础地位得到巩固和加强，极大地调动了牧民的生产生活积极性，牲畜头数 1924 年为 1378 万头，1990年增加到 2586 万头，牲畜总数量有了较快的增长。

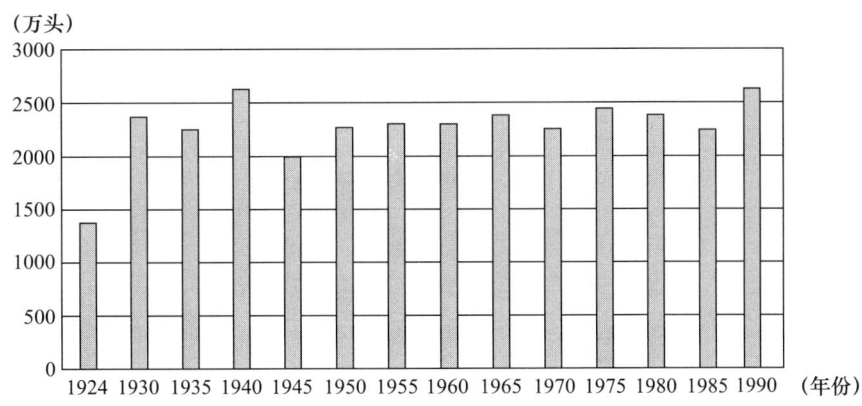

图 4 - 5　转型之前蒙古国牲畜头数的变化

　　1990 ~ 2011 年是蒙古国的转型时期。20 世纪 90 年代初，在国际国内特殊背景下，蒙古人民共和国放弃了原有的社会主义制度，选择了以"根本的政治制度变革"为前提的东欧激进式改革模式。实行了多党制，改国名为"蒙古国"，步入了向市场经济体制转轨的转型国家行列。1991 年蒙古国通过了《蒙古国财产私有化法》，开始了私有化改革，90% 以上的牲畜成为牧民个人财产。至此，基本上完成了畜牧业的私有化，最终确立了牲畜个人私有、以家庭经营为主的畜牧业所有制形式。这对扩大畜牧业生产起到了推动作用，畜牧业生产力也得到了提高。牧户为提高牧业经营收入，增加饲养的牲畜数量，畜群规模总体呈现稳定增长趋势，1990 年牲畜总头数是 2586 万头，2008 年牲畜总头数达到 4220 万头，比 1990 年增长了 63.19%。但也有短期波动的情况，2000 ~ 2003 年，牲畜规模持续下降，2003 年牲畜总头数为 2543 万头。转型时期畜牧业经营体制的不断完善，使蒙古国牧民的生产生活条件得到了改善，草原畜牧业持续快速发展，为蒙古国国民经济发展做出了重要贡献。

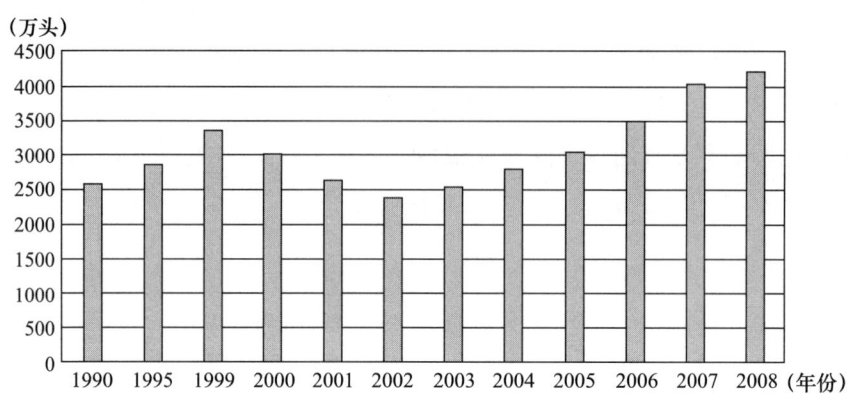

（万头）

图4-6　转型时期蒙古国牲畜头数的变化

第三节　蒙古国畜牧业经济发展现状及因素分析

畜牧业是蒙古国的传统产业，是蒙古国国民经济的基础，也是蒙古国加工业和生活必需品的主要原料来源。转型以来畜牧业得到进一步发展，产生了巨大的社会效益和经济效益。但是，蒙古国地广人稀，自然条件差、气候比较恶劣，目前，蒙古国每年仍需要进口大量的肉、奶等畜产品来满足国内的需求。

一、畜牧业产值持续增长

农牧业是蒙古国的经济基础，占经济总量的20%左右，2014年，蒙古国农牧业总产值为3.77万亿蒙图，其中畜牧业产值约占83%，占出口收入的6.8%。2010年，蒙古国畜牧业总产值为1353906.30百万蒙图；2011年，蒙古国畜牧业总产值为1585329.60百万蒙图；2012年，蒙古国畜牧业总产值为

2114805. 30 百万蒙图；2013 年，蒙古国畜牧业总产值为 2937634. 50 百万蒙图；2014 年，蒙古国畜牧业总产值为 3468417. 30 百万蒙图；到 2015 年，蒙古国畜牧业总产值为 3771509. 30 百万蒙图，同比增长 12%，是唯一大幅增长的产业，占农牧业产值的 80% 以上，占出口收入的 7% 左右。2014 年，生产肉类 29. 45 万吨，加工皮张 9300 张，羊毛 2. 24 万吨，羊绒 0. 77 万吨，液态奶油 76. 54 万吨，除羊毛有所下降外，其余加工畜产品均有稳定而较大幅度的增长，畜牧业发展态势良好。

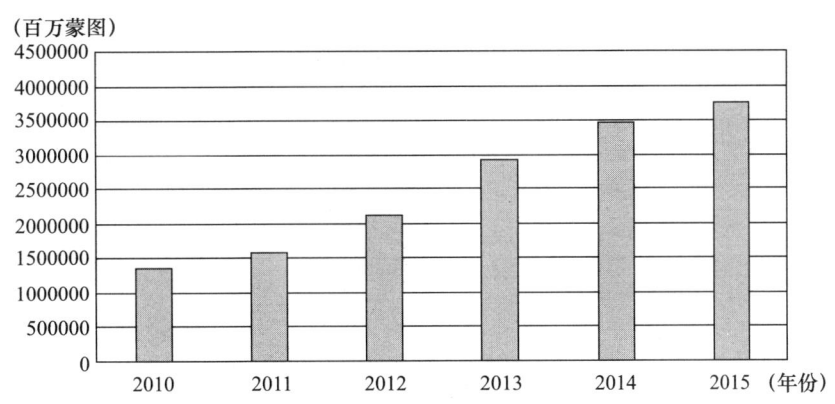

图 4 - 7　2010 ~ 2015 年蒙古国畜牧业总产值

资料来源：《蒙古国统计年鉴 2015》。

二、牧户与牧民数量减少

蒙古国畜牧业私有化改革以来，从事草原畜牧业的人口也逐渐增加，如 1990 年牧民人数为 15. 0 万人，2000 年增加到了 41. 77 万人左右，增加了 1. 8 倍，2000 年牧户数达到 19. 15 万户，比 1990 年增加了 20% 倍。但是近年来牧户数量和牧民人数却逐年减少，据蒙古国统计数据，2010 ~ 2012 年，牧户数量和牧民人数一直都在减少，牧户数量从 21. 7 万户减少到 20. 8 万户，牧民人数从 32. 7 万人减少到 28. 9 万人。由于干旱、雪灾以及气候条件的变化，牲畜大量受损，极大地打击了牧民的生产积极性。此外，草原生态环境的恶化，荒漠化面积不断增加，草场载畜量下降，牧民收入情况并不乐观。但2014年以来，牧户数量和牧民人数都有所增加，2015年，牧户数量为21.7万户，牧民人数为29.8万人。

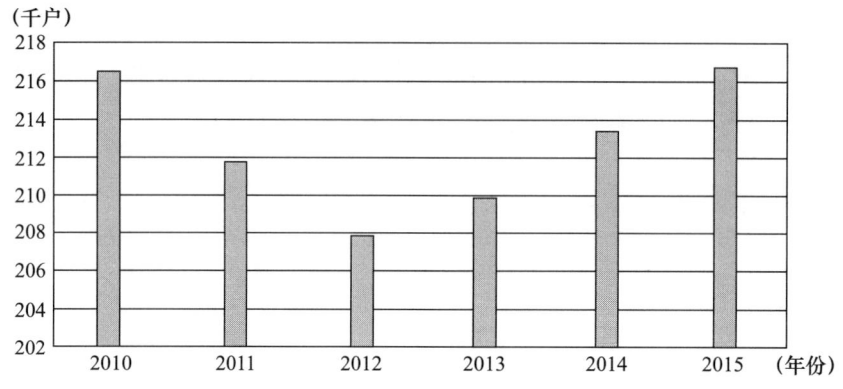

图4-8　蒙古国牧户数量

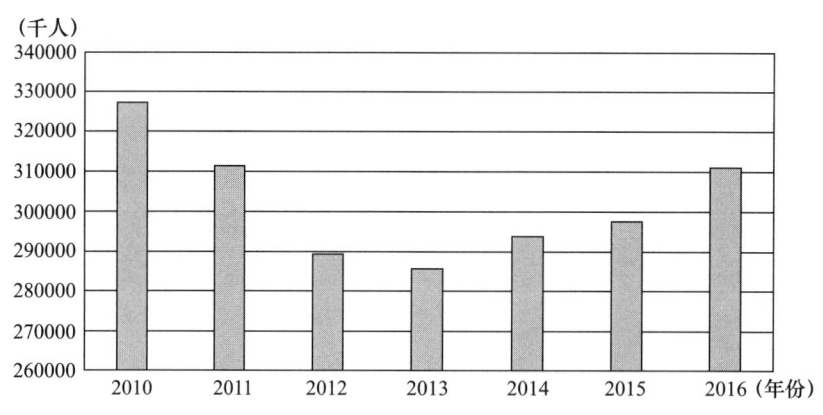

图4-9　蒙古国牧民数量

三、牲畜头数稳步增加

随着蒙古国对畜牧业投入的增加，牲畜数量也在稳步增加，2010年牲畜头数为32729.53千头，到2015年增加到55979.78千头，增长了23250.25千头。但因自然灾害的原因，也有小幅的波动。蒙古国牧区基础设施建设还不完备，如在科学预测雪灾信息、搭建冬季棚圈、牲畜防疫等方面较为落后，导致牧户抗灾能力较低，遇到极端恶劣天气和疫病，牲畜死亡惨重，给畜牧业生产带来了巨大损失。2009~2010年，因自然灾害牲畜头数大量减少，2009年损失牲畜1732.9千头，2010年损失牲畜10319.9千头。2011~2015年，牲畜头数持续增长，这也间接反映了蒙古国畜牧业经营管理水平的提升。

表4-2　蒙古国牲畜头数统计　　　　　单位：千头

年份	2010	2011	2012	2013	2014	2015
总头数	32729.53	36355.78	40920.92	45144.32	51982.58	55979.78

表4-3　蒙古国自然灾害中损失的家畜头数　　　　单位：千头

年份	2010	2011	2012	2013	2014	2015
总头数	10319.9	651.3	405.5	792.5	401.4	625.6

资料来源：《蒙古国统计年鉴2015》。

四、畜种结构明显改变

蒙古国畜牧业经济以五畜为主，包括牛、马、绵羊、山羊、骆驼，草原自然环境的变化以及社会经济形势的变动，引起牲畜内部结构的明显改变。畜牧业收入是蒙古国牧户的主要收入来源，如活畜、畜牧业初级产品和简单加工的畜产品，而其他产业所获收入极少。畜牧业收入主要包括家畜销售收入和羊毛羊绒等畜产品收入，家畜销售收入主要来自于绵羊、山羊、牛和马的销售收入；畜产品收入来于羊毛、羊绒、奶制品、皮类收入。2010年牧户饲养的大畜中，骆驼头数下降明显，为269.6千头，2011~2015年虽然有所上升，但增加头数不多，维持在300千头左右。牛和马的饲养数量在不断提高，这是因为饲养牛和马能够带来更多的经济收入。牧户饲养的小畜中，山羊所占比重逐年增加，2011年绵羊在牲畜总头数中所占比重为43.1%，山羊在牲畜总头数中所占比重为

43.83%，这由饲养山羊和饲养绵羊的收益差距所导致，近年山羊绒的价格维持在较高水平，而绵羊肉的收购价格始终保持在较低水平。

表4-4　蒙古国牲畜头数统计　　　　　　　单位：千头

年份	总头数	马	牛	绵羊	山羊	骆驼
2010	32729.53	1920.3	2176	14480.4	13883.2	269.6
2011	36355.78	2112.9	2339.7	15668.5	15934.6	280.1
2012	40920.92	2330.43	2584.62	18141.36	17558.67	305.835
2013	45144.32	2619.38	2909.46	20066.43	19227.58	321.48
2014	51982.58	2995.75	3413.85	23214.78	22008.90	349.299
2015	55979.78	3295.34	3780.40	24943.13	23592.92	367.944

第四节　蒙古国畜牧业可持续发展路径

一、进行产权制度变革

蒙古国实行"草场公有、牲畜私有"的以家庭经营为主的畜牧业所有制形式，草牧场的所有权属于全民所有，国民可以自由选择居住地。畜牧业的发展来自对草地资源的索取，在牧民固有观念和草地资源现有的产权制度下，认为使用具有公共物品属性的草地资源是不需要任何投入的，牧业生产者在经济利益驱动下对草地资源进行掠夺性的利用。加之国家缺乏对草牧场使用的制度安排和经营管理，牧民为提高家庭经营收入，会盲目扩大畜群规模，草原生态保护意识淡薄。许多牧户集中在交通便利的城市郊区放牧场或水源条件较好的河流、湖泊周围牧场，造成湖泊、交通干线、河流周围及中央区域牲畜超载严重，造成对草原的过度利用，加速了草原生态的恶化，局部地区出现了斑点状荒漠化现象。而偏远的基础设施落后的放牧场没有被充分使用，造成草地资源的放弃闲置。因此，蒙古国政府应积极着手进行草牧场的产权制度改革，草牧场的所有权是继续公有化还是私有化；或者部分公有部分私有，应在尊重牧民的选择权、保障利益分配公平公正的前提下，结合当地的自然生态和社会经济条件，对传统畜牧业进行改革。可以学习借鉴中国内蒙古地区草原畜牧业的发展经验，选择符合蒙古国未来经济社会发展趋势的产权结构和形态，对草牧场进行有效的保护、开发、投入和合理利用，实现草原生态系统的良性循环，促进草原畜牧业的现代化发展。

二、发展绿色畜产业

蒙古国畜牧业依然采用传统的敞放饲养牲畜的方式，让马、牛、羊等牲畜成群结队地在草原上自由采食，所提供的牛、羊、肉、马肉等畜产品成为无污染的天然有机食品，肉质鲜美，营养价值高，具有较高的市场竞争力。但是，由于畜产品加工设备与技术落后，缺乏卫生检疫保障以及疫情等原因，直接影响了蒙古国畜产品的出口。蒙古国政府应通过制定相应的政策，充分发挥绿色畜产品的优势特色，提高畜产品附加值，延伸畜产品价值链。引进先进的畜产品加工设备与技术，构建规范的畜肉收购、运输和加工、检疫体系，使畜产品的质量符合国际市场的需求，实现出口畜产品的数量和价格有较大幅度的提高，取得明显的社会效益和经济效益。此外，应加强肉、奶、皮、毛、绒和其他副产品的现代化加工和生物技术的应用。

随着消费者对品牌畜产品的需求迅速增长，品牌效应越发明显。品牌以更高的价格、更多的销售量带给生产经营者可观的市场收益，增强了生产者促销、竞争、扩张和获利的能力。因此，蒙古国畜产品应实施绿色品牌战略，使畜产品生产的资源优势和特定区域优势转化为畜产品的市场竞争优势。加强蒙古国绿色畜产品品牌的广告宣传与市场推广，综合运用广告、公关、促销和人员推销等一系列传播沟通手段，传递统一的、协调的品牌信息，提高蒙古国绿色畜产品品牌的认知度和美誉度，促进绿色畜产业的发展。

三、塑造游牧旅游文化

蒙古国地处蒙古高原，具有独具特色的自然生态资源，有的还处于未开发状态，还有源远流长的历史文化遗产，是目前较完整地保留游牧生产方式和游牧文化的畜牧业国家，为发展旅游业提供了有利的条件。由于地理条件和其他各种原因，在历史的发展过程中，蒙古国牧民习惯于过着"靠天养畜，逐水草而居"的游牧生活。经济转轨以来蒙古国畜牧业仍然延续着千百年来传统的游牧生产方式，牧民通过季节游牧、倒场轮牧等方式对草场进行间歇利用，较好地保持了草原生态系统的平衡。蒙古国的畜牧业传承了草原游牧文明，保存了古老的草原游牧文化。草原游牧文化是依托草原资源，适应自然环境，以游牧经济为基础创造的独具特色的一种文化形态，包括"游而牧之"的生产方式、"逐水草而居"的生存方式、"肉体来自青草"的生活方式以及游牧民族的风俗习惯和民间艺术。

国际社会中旅游业成为发展最快的产业之一，旅游需求成为城市、地区和国家发展的助推剂，蒙古国旅游业也在国民经济发展中起到越来越重要的作用。蒙古国原始的自然景观和独特的游牧风俗旅游资源，吸引着世界各地的游客，为此，蒙古国应把旅游业作为战略性产业加以重视和支持：一方面，建立完善的旅游产业发展规划和运行机制，满足国外消费者不断增长的旅游需求；另一方面，应充分发挥具有蒙古特色的旅游资源优势，培育独特的竞争力。游牧文化旅游将是蒙古国旅游业发展的目标，注重自然旅游资源与蒙古族民俗风情有机结合，挖掘游牧文化内涵，建设游牧文化旅游特色景区、旅游线路。增强公关广告的宣传力度，举办具有游牧文化特色的节庆活动，塑造游牧文化旅游品牌。加强同中国、俄罗斯的区域旅游合作，吸引中俄两国潜力巨大的客源市场，联合打造特色鲜明、内涵丰富的精品旅游线路，提高在国际旅游市场上的吸引力和竞争力。

第五章

牧户生产决策行为

第一节 内蒙古自治区牧户生产决策行为分析

一、研究背景

牧民作为牧区生产经营行为的主体，他们在牧区经济活动和生活中进行的各种选择决策，影响着畜牧业的结构变动和畜产品的稳定供给，其行为也成为草地资源可持续利用的内因与微观基础。

牧户生产行为是牧户在利益驱动下，根据自身条件以及经济、自然和社会环境条件进行的生产性投资选择活动。根据计划行为理论，牧户种粮行为主要受到行为态度、主观规范和对外界感知行为控制等因素的影响，这些因素包括户主个人特征、家庭综合特征、村集体因素、政府因素、社会经济因素和自然条件等。从总体来看，影响牧户生产意愿和生产投入决策的因素众多。赵雪雁等（2009）通过对甘南牧区牧民生产经营行为的研究发现：牧民的投资以生活性投资为主，其生产经营信息来源有限，牧民之间缺乏在生产销售活动方面的合作，牧民收入与牧民投资行为、生产行为高度相关，但与牧民市场交易行为弱相关。杨伊侬

（2009）通过对内蒙古自治区牧区牧民人均纯收入的调查研究，提出人均牧业产值和人均家庭经营费用支出对牧户人均纯收入有极强的作用，要提高人均牧业收入，可从两方面考虑：一是提高牧业产品的产量；二是提高产出品的价格或降低经营费用支出，主要是饲料的价格。苗红萍等（2013）以新疆维吾尔自治区传统牧区牧民为研究对象，认为牧民生产行为目标具有多元化特征，而且受到自身因素、区域社会经济发展水平及制度等因素的影响，牧民对不同目标具有不同的偏好，其首要生产行为目标是"尽可能增加家庭收入"。

以上关于牧民生产行为影响因素的研究主要是从家庭的支出与牧业收入、牧民生产行为目标等方面做了深入研究，事实上还有其他因素影响着牧民生产行为。本章从牧民的自身因素、家庭状况、牧业生产的环境因素以及畜产品销售的市场环境入手，分析这些因素与牧民生产行为之间的互动关系。

二、研究方法及数据来源

1. 研究方法

本书选取 Logistic 模型对影响牧民生产行为因素进行实证分析，假设：牧民生产行为由 2016 年比 2015 年规模 U 是否扩大决定，而 U 又取决于解释变量 Xi（影响牧民生产行为的因素）。根据牧民经营牧业的情况，选取相关解释变量为年龄、文化程度、家庭劳动力、牧业收入、羊肉价格、使用草场面积、牧业费用支出、用于牧业生产的贷款、养殖方式、载畜量、对自有草场的评价、获取市场信息的难易程度、是否参加过科技培训、是否参与牧民合作组织。

2. 数据来源

2016 年 1 月至 3 月对内蒙古自治区牧区牧民生产行为的相关情况进行问卷调查，调研地区包括呼伦贝尔市的新巴尔虎左旗、鄂温克自治旗，赤峰市的巴林左旗、翁牛特旗、阿鲁科尔沁旗，锡林郭勒盟的阿巴嘎旗、东乌旗，乌兰察布市的四子王旗，巴彦淖尔市的乌拉特中旗。调研方法主要采用随机抽样，入户问卷调查。调研过程中共发放问卷为 180 份，有效问卷为 172 份，有效率达到 96%。问卷调查内容主要包括牧民的家庭基本情况、生产经营情况、草原生态建设和市场环境方面的情况。

三、牧户的生产经营情况

1. 牧户家庭基本情况

在 172 份有效问卷中，纯牧户 162 户，占 94.19%；兼业户 7 户，占 4.06%；有 3 户是其他类型户，占 1.74%（见表 5 – 1）。

表 5 – 1　样本牧户户别

	户数	所占比重（%）	有效度（%）
纯牧户	162	94.19	94.19
兼业户	7	4.06	4.06
其他	3	1.74	1.74
合计	172	100	100

（1）户主以男性为主。在 172 份有效问卷中，户主为男性的有 167 份，女性的有 5 份，男性所占比重为 97.07%，女性所占的比重为 2.9%。可见所调查的样本牧户户主以男性为主，男性仍然是牧区家庭的主要劳动力。

（2）户主以中年人居多。户主年龄在 30 岁以下的样本牧户为 1 户。31～40 岁、51～60 岁的样本农户分别有 41 户和 35 户，所占比重分别为 23.84% 和 20.35%。户主年龄主要集中在 41～50 岁的年龄段，有 82 个样本牧户，所占比重为 47.67%。由此可见，样本牧户的户主以中青年人为主，基本符合牧区的现实情况。因为受教育程度的限制，语言沟通的困难以及传统游牧观念的影响，牧区的大多数中青年人依然留在牧区从事牧业生产。但在调查中也发现，更多的年轻人向往城市现代化生活，不满足于牧区单调落后的生活环境，他们不愿意从事祖辈的草原牧业生产，认为生产效率较低，承担的自然风险较大，收入也不高，而是愿意选择外出打工以改善生活条件。因此，对作为牧区主要劳动力的中青年人，政府应该有针对性地进行技术培训，使牧民能够掌握现代养殖、人工种草、加工增值等技术，提高家庭牧业收入，使他们选择继续留在牧区从事牧业生产，这将有利于畜牧业的可持续发展。

（3）受教育程度较低。调查结果表明，牧民受教育年限偏低。样本牧户户主中文盲有 5 户，所占比重为 2.90%。受教育程度为小学的有 67 户，所占比重为 38.95%；受教育程度为初中的有 66 户，所占比重为 38.37%，这两项加总共有 133 户，其比重达到了 77.32%，说明牧户中以小学和初中文化程度的居多。受教育程度为高中的有 34 户，所占比重为 19.77%。而受教育程度为中专、大专及以上的牧户为 0，这表明牧区受过高等教育的年轻人没有返回牧区从事牧业生产的意愿。

表 5-2　样本牧户户主的基本情况

统计特征	分类指标	人数（人）	比例（%）
性别	男性	167	97.07
	女性	5	2.9
年龄	31~40 岁	41	23.84
	41~50 岁	82	47.67
	51~60 岁	35	20.35
受教育程度	文盲	5	2.90
	小学	67	38.95
	初中	66	38.37
	高中	34	19.77
	中专、大专及以上	0	0
牧户购买保险	购买医疗保险	104	60.46
	购买人寿保险	26	15.12
	购买生产保险	21	12.21
	没有购买	21	12.21

（4）牧户购买生产保险的意识不强。调查发现，牧户购买保险的比重较高，其中，购买医疗保险的牧户有 104 户，所占比重为 60.46%；购买人寿保险的牧户有 26 户，所占比重为 15.12%；购买生产保险的牧户有 21 户，所占比重为 12.21%。只有 21 户牧户没有购买保险，所占比重为 12.21%。由此表明，大多

数牧户愿意购买保险，并且更多的是注重在医疗、养老、基本生活保障方面的投入，对于购买牧业生产保险的积极性不高。这对于受自然天气影响较大的牧业生产来说，缺乏生产条件保障，不利于牧业生产规模的扩大。

2. 牧户的生产经营情况

在被调查的牧户中，2015 年牧户使用草场面积10000 亩以上的有 5 户，所占比重为 2.90%；使用草场面积 8001～10000 亩的有 12 户，所占比重为 6.98%；使用草场面积 5001～8000 亩的有 33 户，所占比重为 19.19%；使用草场面积 1000～5000 亩的有 46 户，所占比重为 26.74%；使用草场面积 1000 亩以下的有 76 户，所占比重为 44.19%。由此可见，大部分牧户的草场使用面积还没有实现规模化的经营，这也是影响牧业收入提高的制约因素之一。其中，有 139 户是自有草场经营，所占比重为 80.81%，只有 33 户是租赁草场经营，所占比重为 19.19%，说明牧户租赁草场进行牧业生产的积极性不高。调查中发现，牧户扩大牧业经营规模的意愿不强，究其原因是牧业经营受到自然灾害的影响较大、家中劳动力紧缺、没有掌握先进的养殖技术导致生产效率较低等使牧业收入不稳定。

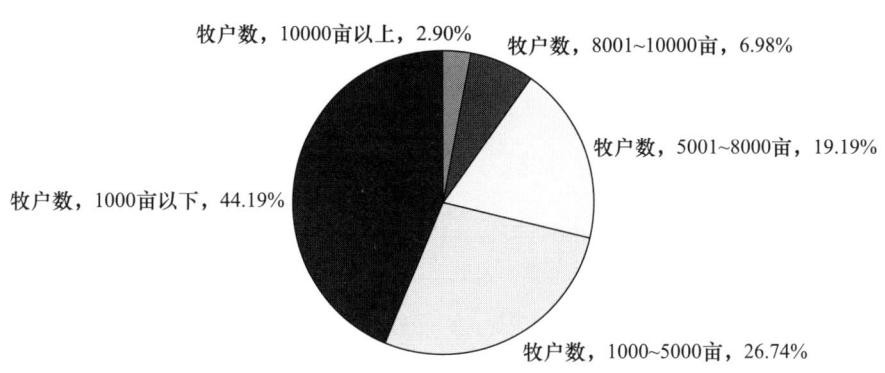

牧户数，10000亩以上，2.90%　　牧户数，8001~10000亩，6.98%

牧户数，5001~8000亩，19.19%

牧户数，1000亩以下，44.19%

牧户数，1000~5000亩，26.74%

图 5 - 1　牧户草场经营面积

牧业收入是家庭收入的主要来源。被调查的 172 户牧户家庭年平均收入为 9.04 万元，其中牧业经营年平均收入为 7.07 万元，所占比重达到 78.20%；打工年平均收入为 0.56 万元，所占比重为 6.19%；农业经营年平均收入为 0.65 万元, 所占比重达到 7.19%; 其他经营年平均收入为 0.59 万元, 所占比重达到 6.53%。调查表明, 牧户主要依靠牧业经营来获取收入, 因此, 提高牧户的牧业生产经营水平, 是促进畜牧业发展的主要措施。目前, 国家对农牧业补贴政策对牧户的生产经营起到了积极的推动作用。

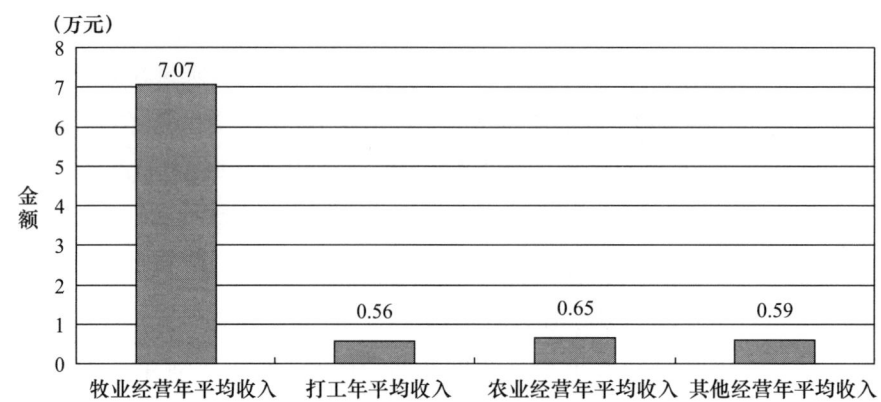

图 5 – 2　牧户家庭年平均收入情况

表 5 – 3　牧户户均收入构成

户场收入来源	收入 (元)	所占比重 (%)
1. 打工收入	5600	6.19
2. 牧业收入	70700	78.20
3. 农业收入	5900	6.53
4. 其他经营收入	5900	6.53
合计	90400	100

牧户的家畜存栏种类以羊、牛、马、骆驼为主, 其中羊的存栏数量户均为 246 只, 占家畜存栏总量的 88.79%; 牛的存栏数量户均为 24 头, 占家畜存栏总量的 8.71%; 马的存栏数量户均为 7 头, 占家畜存栏总量的 2.38%; 骆驼的存栏数量户均不到 1 头, 占家畜存栏总量的 0.12%。由此可见, 牧户的家畜存栏数量最多的是羊, 牧户牧业收入的来源主要是出售羊肉, 而羊肉的市场价格是影响牧户牧业收入的最重要因素。牧户只有通过有效的途径及时获取市场信息, 才能

保障稳定的牧业收入。

2015 年，在调查的 172 户牧户中，有 144 户牧户申请获得了贷款，所占比重为 83.72%；有 28 户牧户没有申请贷款，所占比重为 16.28%。牧户贷款的原因主要是为了改善生活、用于子女的教育支出、进行牧业生产经营投入。贷款中用于牧业生产的比重为 61.45%，主要用来购买家畜、饲草料以及舍饲棚圈和网围栏的建设。

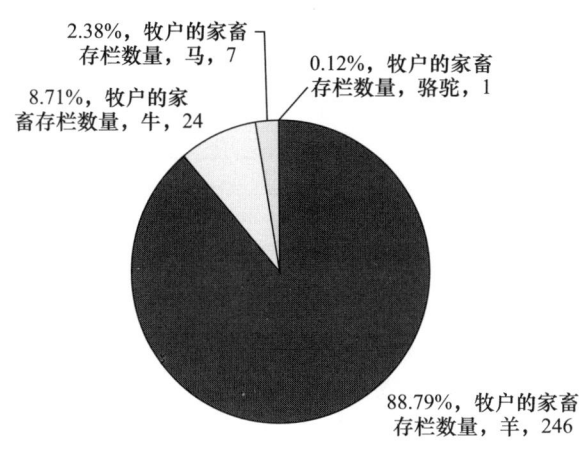

图 5-3　牧户的家畜存栏数量

牧户的养殖方式包括舍饲圈养、自由放牧、半舍饲圈养和划区轮牧。在调查牧户中，舍饲圈养的有 15 户，所占比重为 8.72%；自由放牧的有 41 户，所占比重为 23.84%；半舍饲圈养的有 91 户，所占比重为 52.90%；划区轮牧的有 25 户，所占比重为 14.53%。由于国家退牧还草政策的实施，牧户的养殖方式以半舍饲圈养方式为主，这就需要对舍饲棚圈和网围栏的建设资金投入，而国家的补贴措施会对牧户养殖方式选择起到积极的引导作用。

3. 牧户对草原生态建设的认识及评价

随着经济快速发展，牧区的草原生态环境也面临更大的压力，作为承载牧区畜牧业发展的草地资源，面临草原面积退化和荒漠化的现状。虽然国家致力于改变牧区生态环境恶化的状况，实施了退牧还草等一系列生态环境政策，但是牧区的生态建设仍然面临诸多困难。牧户作为牧业生产经营的主体，他们对草原生态建设的认识和评价是减少草原生态环境持续恶化的关键要素。在被调查的牧户中，对自有草场评价认为健康的只有5户，所占比重为2.90%；对自有草场评价认为有些退化的有77户，所占比重为44.77%；对自有草场评价认为中度退化的有52户，所占比重为30.23%；对自有草场评价为退化得很厉害的有38户，所占比重为22.09%。牧民对草场退化也表示无奈和忧虑，感觉束手无策，一方面需要依赖草场维持生计或提高收入，另一方面还要保护草原的生态环境，实现可持续利用。

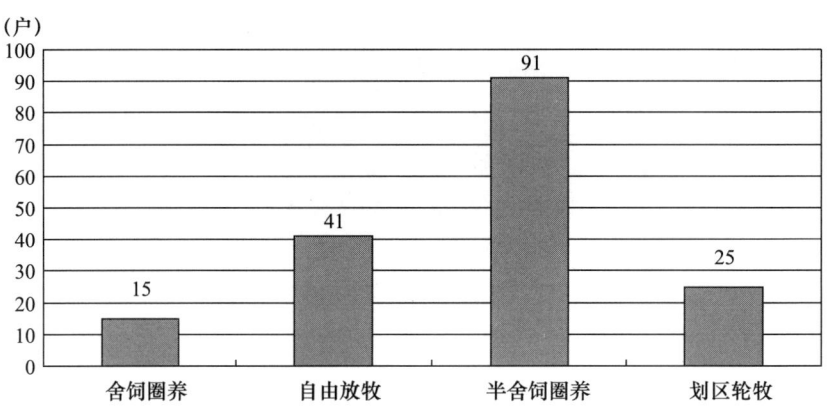

图5-4 牧户的养殖方式

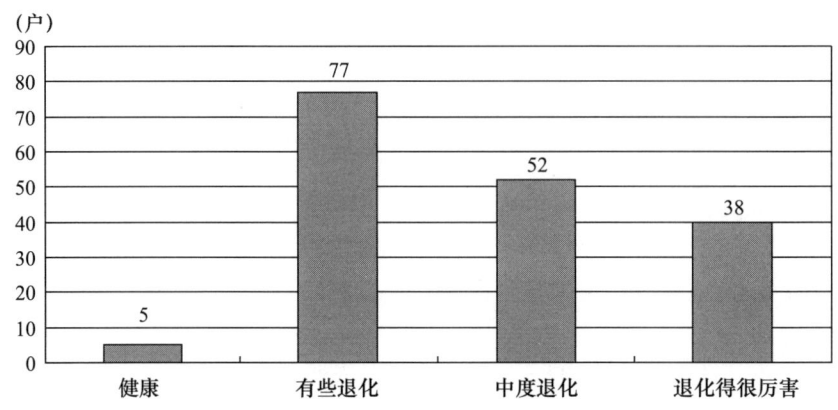

图5-5 牧民对自有草场的评价

依靠资源和环境的内蒙古自治区畜牧业经济发展方式，造成了草原的大面积退化，甚至出现了不同程度的荒漠化和沙化，严重阻碍了草原畜牧业的健康发展。草原资源受自然因素的影响程度较大，但人为因素对草原生态环境的影响也非常显著。调查显示，牧民认为造成草场退化最主要的原因是降雨减少带来的干旱气候导致牧草产量下降，持这一看法的牧民所占比重为88.57%；认为不重视草场维护造成草场退化的牧民比重为58.57%；认为草场上放牧牲畜数量过多、牧民过度放牧、过度开垦草原等原因造成草场退化的牧民比重分别为24.29%、37.14%、15.71%。在草原生态保护实施主体方面，牧民认为政府和牧民应该共同进行草原保护，制定惠及从事畜牧业生产的广大牧民的政策措施，政府部门管理监督实施草原生态建设。牧民更多的是倾向于采取划区轮牧、种草的方式来保护草原，继续传统的游牧生产生活。

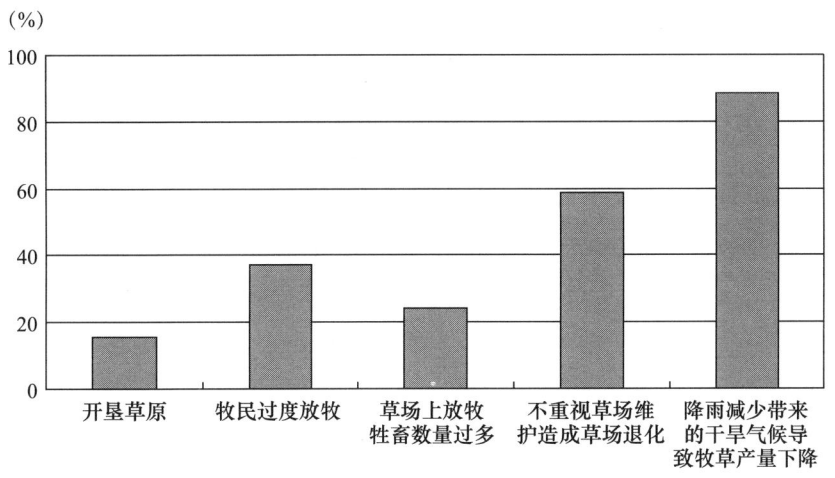

图5-6　草场退化原因

在实际的调查中发现，牧区牧户对草地资源的使用普遍存在超载过牧现象，单位面积牧草地所能承受的牲畜量已经达到了极限，造成草场的严重退化和草原生态环境的破坏，草地承载能力下降，致使肉、奶、毛等畜牧业产品产量下降，影响了牧民收入的增加和生活质量的改善，从而形成恶性循环。对牧户的调查结果显示，有59户认为现在的养殖规模小于规定的载畜量，所占比重为34.29%；有71户认为现在的养殖规模等于规定的载畜量，所占比重为41.43%；有42户认为现在的养殖规模大于规定的载畜量，所占比重为 24.28% 。基于来自牧户保守的调查结果，可以认为养殖规模大于规定载畜量的比重已经超过了 70% ，牧民是通过对草地资源掠夺性利用来获取更高收入的，这对草场的休养生息极为不利。

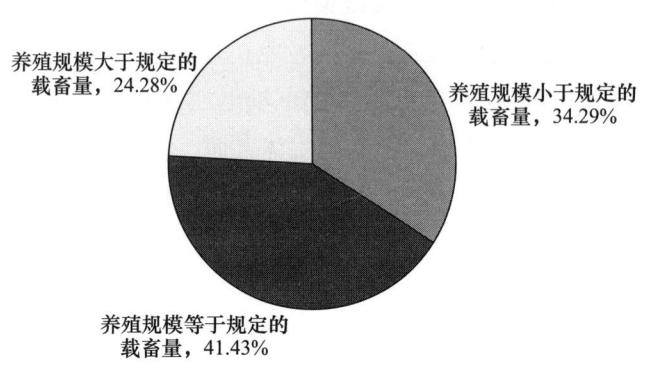

养殖规模大于规定的载畜量，24.28%

养殖规模小于规定的载畜量，34.29%

养殖规模等于规定的载畜量，41.43%

图 5 - 7　养殖规模与规定载畜量相比

内蒙古自治区从 2002 年开始实施退牧还草工程，改善了草地质量，增加了牧草产量，有效抑制了荒漠化现象，推进了牧区城镇化的进程，取得了明显的生态效益、经济效益和社会效益。在退牧还草政策对牧民生产生活的影响方面，调查显示，有 84 户牧民认为饲养成本增加，牧业收入下降，所占比重为 48.57% ；有 108 户牧民认为牲畜养殖头数减少，导致收入下降，所占比重为 62.86% ；有 32 户牧民认为饲养成本变化不大，收入变化不明显，所占比重为 18.57% ；只有 27 户牧民认为有利于草场恢复，将来会提高收入，所占比重为 15.71% 。退牧还草工程的实施，使牧民的自由放牧方式转变为舍饲半舍饲养殖模式，需要建设牲畜棚圈、水利设施、饲草料基地等一系列配套设施。但由于退牧还草工程实施过程中存在各种各样的问题，如基础设施投资资金支持力度不够、生态补偿机制不完善等，增加了牧民的生产生活成本，牧民退牧还草的积极性受到一定影响。

生态政策中的"围封禁牧"通过禁牧、休牧和轮牧措施，对草场加以保护，达到逐步恢复生态环境的目的。牧民对这一措施的实施效果普遍认可，认为有利于草场恢复，提高牧草产量，持这种观点的牧民所占比重为 55.71% 。但也有牧民认为禁牧、休牧政策对草场恢复作用不大，所占比重为28.57%。有40%的牧民则认为"围封禁牧"措施增加了牧民生产成本，对于牧民收入产生了负面影响。同时，牧民认为禁牧、休牧的补偿标准较低，补偿额度不足，牧民还没有成为真正意义上的生态补偿的受益主体。因此，生态保护政策的实施，要充分考虑政策对于牧民收入的具体影响，解决政策执行存在相应配套措施不完善和工作不到位等问题。只有使牧民的收入得到提高，牧民才有足够的动力主动去推行政策的实施，从而实现牧民收入变化和环境政策实施效果之间的良性互动。

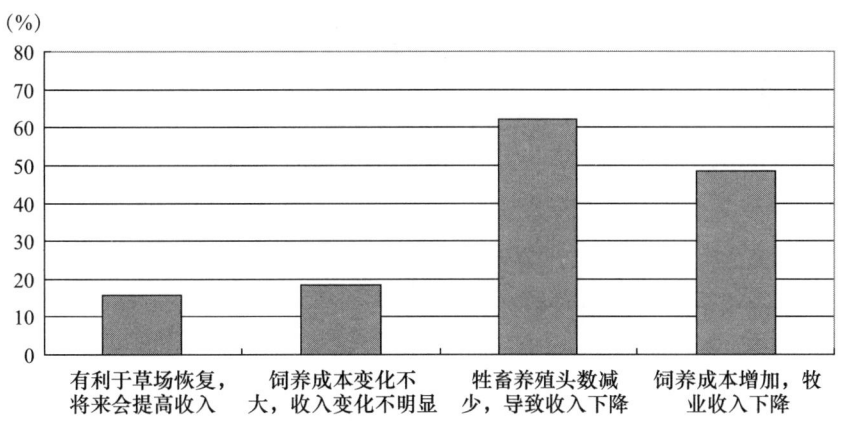

图5-8　退牧还草政策对牧民生产生活的影响

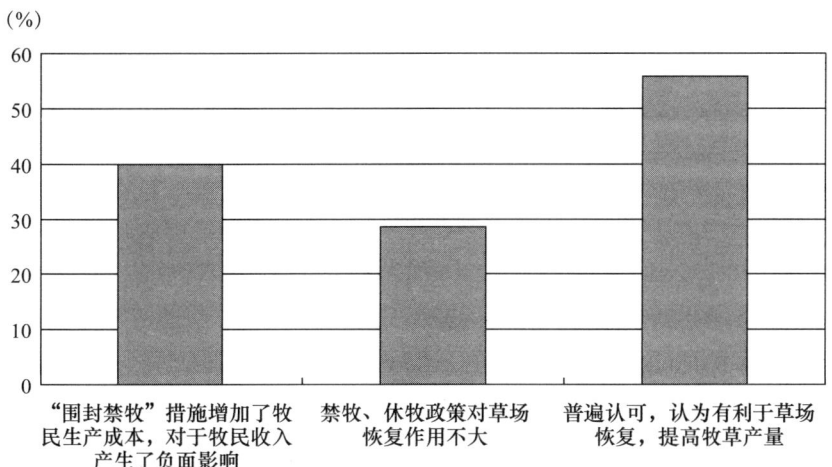

图5-9　牧民对禁牧、休牧政策的评价

随着国家围封转移和退牧还草以及禁牧、休牧、轮牧政策的深入实施，牧民的生产生活方式发生了转变，由游牧生活向定居和半定居生活转移，为此，牧民在生产方面需要政府提供政策资金支持，主要是牧民向其他产业转移所需要的配套设施的建设。在被调查的172户牧户中，有145户认为政府应在饲草料补贴和保障方面增加投入，所占比重为84.29%；有135户认为政府应在畜棚暖圈建设方面给予更多的资金支持，所占比重为78.57%；有118户认为政府应在牧民贷款方面给予优惠和便利服务，所占比重为68.57%；有81户认为政府应加强水利设施配套方面的建设，所占比重为47.14%。此外，牧民需要政府在网围栏、青贮窖建设、市场信息服务、技术培训方面的投入意愿分别占到22.86%、21.43%、28.57%和30.00%。草原生态保护能带来生态、资源、畜牧业发展等方面的巨大的长期利益，牧民作为草原生态保护的主要参与者，还应该是生态补偿的受益主体，政府生态政策的制定和实施应充分考虑牧民的实际需要，使牧民在为保护草原而减少经营性收入的同时，获得足够的转移性收入来补偿，使牧民能够主动参与到生态保护项目中，继续牧业生产生活。

表 5 - 4   牧民需要政府投入的生产设施

牧民需要政府投入的生产设施	所占比重（%）
政府应在饲草料补贴和保障方面增加投入	84.29
政府应在畜棚暖圈建设方面给予更多的资金支持	78.57
政府应在牧民贷款方面给予优惠和便利服务	68.57
政府应加强水利设施配套方面的建设	47.14
政府增加网围栏投入	22.86
青贮窖建设	21.43
市场信息服务	28.57
技术培训方面	30.00

新形势下畜牧业的可持续发展，需要高文化素质、懂经营管理的新型牧民，尤其是具有较高科技素养的牧民进行牧业生产活动，在提高生产效率和牧业收入的同时，使国家的各项政策措施也能得以顺利实施。在调查中发现，牧民有强烈

的改善草地生态和提高生产能力的愿望和需求，希望掌握现代养殖、种植技术，提高牧业收入。但由于牧民语言沟通的困难、文化素质较低、难以掌握实用技术等原因，参加技术培训的比例不高。在被调查的牧户中，只有20户参加过技术培训，所占比重为11.43%；有152户牧户没有参加技术培训的经历，所占比重为88.57%。由此可见，提高牧区劳动力的文化技能素质，培育新型牧民，吸引高素质的人才投入到牧业生产，是畜牧业发展的关键要素。

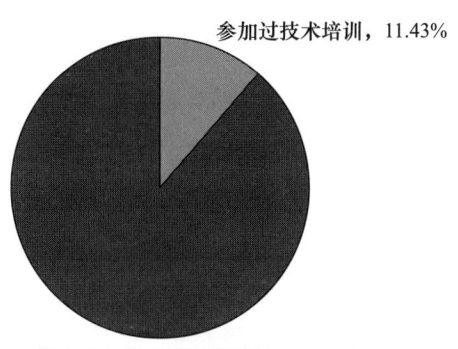

图5-10 是否参加过新型农牧民科技培训

4. 牧户的市场环境状况

随着牧区基础设施逐渐改善，牧户获取市场信息的渠道也在增加，牧户主要通过政府组织的宣传、手机及电视广播获得有关市场环境方面的信息，67.14%的牧民认为获取市场信息的程度比较容易，但由于受教育文化程度的制约，32.86%的牧民认为获取市场信息的程度比较难。调查户中绝大部分牧户没有参加任何形式的牧业合作组织，其中52户在牧区有牧业合作组织的情况下也没有参加，所占比重为25.71%，76户是因为没有牧业合作组织所以没参加，所占比重为44.29%。只有25.71%的牧户参加了牧业合作组织。牧户在市场交易中处于弱势地位，在市场上被动地销售畜产品。合作组织作为牧民利益主体的代表，应该通过广泛宣传和切实可行的措施，引导牧民加入，增加牧业合作组织在资金借贷、产品销售、生产技术培训等方面的功能，保障入社牧户的经济效益，提升牧民的市场议价能力，发挥牧业合作组织的市场主体地位。

　　调查户出售的畜产品中最普遍的是肉牛、羊、羊毛、羊绒，而牧户畜产品的销售渠道是否顺畅，影响牧业收入的高低。目前，牧户销售畜产品的渠道较单一，由于交通受限，缺乏市场信息等原因大多数通过上门收购的商贩进行销售，选择这种销售渠道的牧户有 135 户，所占比重为 78.57%；选择自己到就近市场出售的牧户有 29 户，所占比重为 17.14%；由合作社统一收购进行销售的牧户只有 3 户，所占比重为 4.29%。没有牧户通过加工企业上门收购的销售渠道进行畜产品销售。因此，完善畜产品销售渠道，为牧户提供更多便利和选择，有助于提高畜产品的市场价值。

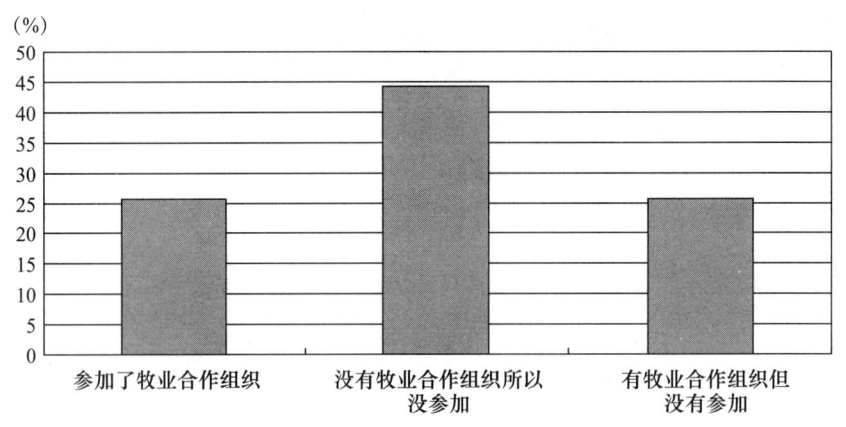

图 5 -11　牧民参加合作组织

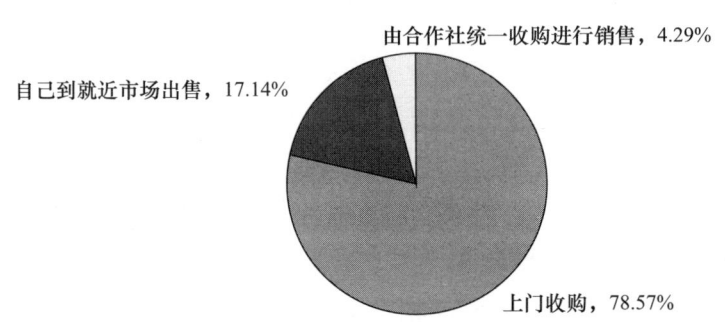

图 5 -12　牧户畜产品销售渠道

畜产品的销售是牧户收入的主要来源，调查户中有 88 户优先考虑在家庭需要资金时出售畜产品，所占比重为 51.43%；有 79 户牧民会优先选择市场价格比较高的时候出售畜产品，所占比重为 45.71%；只有 2.86% 的牧户优先选择饲草料不足的时候出售畜产品。由于牧民不能及时有效地获取来自政府提供的市场信息，大多数牧民将畜产品以较低的价格卖给上门收购的商贩，牧业经营收入没有达到牧民的预期期望。91.43% 的牧户认为目前出售的畜产品价格较低，不能弥补牧业经营投入的成本；只有 7.14% 的牧户认为目前出售的畜产品价格适合，能够带来预期收益；仅有 1.43% 的牧户认为目前出售的畜产品价格较高，提高了牧业收入。目前，由于牧户的市场主体地位较为弱小，出售的畜产品缺乏市场竞争力，牧业收入也较低。只有通过牧户合作经济组织等形式，提高牧业经营的规模化程度，降低牧业经营成本费用，为牧户创造提升牧业利润的空间，在市场上为维护牧户的利益充分发挥其作用，才能在一定程度上提升畜产品的价格，从而提高牧民收入。

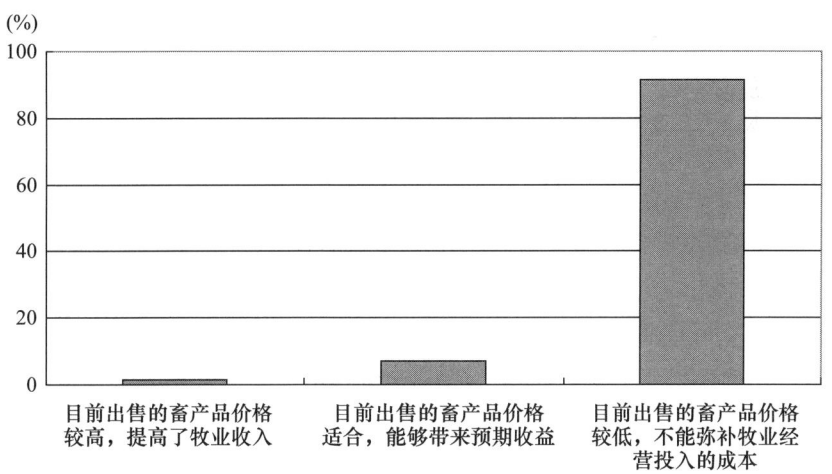

图 5-13　牧民畜产品销售情况

牧业产品既是牧民的生活用品也是收入来源，牧民迫切希望改变牧区收入水平较低的现状。调查结果显示，82.86% 的牧民认为及时有效的市场信息是牧业产品卖出好价钱的主要影响因素，希望政府能够提供便捷的信息渠道；有 72.86% 的牧民认为，牧区绿色畜产品的产品品质是提高市场价格的有效途径。

目前牧区大部分牧民经营规模较小，因此通过牧民合作组织或者和加工企业签订合同出售是提升畜产品市场价格的重要途径，但是由于牧民合作组织和牧民的利益连接机制还不完善、大型畜产品加工企业还需发展壮大的原因，牧民优先选择合作组织以及和加工企业签订合同出售畜产品的比重并不高，分别为 30% 和 31.43%。

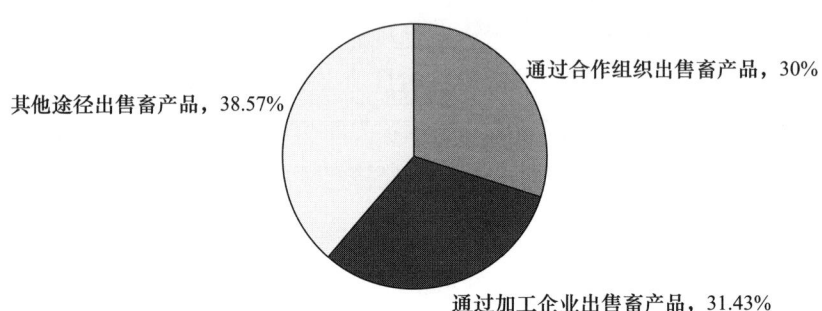

其他途径出售畜产品，38.57%

通过合作组织出售畜产品，30%

通过加工企业出售畜产品，31.43%

图 5 - 14　牧业产品卖出好价钱的途径

四、牧户生产意愿的实证分析

1. 变量的选取及解释

根据牧民经营牧业的情况，本书将牧户生产意愿的影响因素分为个人因素、家庭特征、一般环境和市场环境 4 组解释变量。其中，每一组变量分别选取若干具体可测度的变量作为描述变量，共确定了 14 个可测度变量，变量的选取及解释见表 5 - 5。

第一组个人因素变量。牧户的人口特征和户主的能力特征直接影响到牧户从事牧业生产的收入和成本，主要包括年龄、文化程度、是否参加过技术培训。本书认为，在牧业生产过程中，随着年龄的增长，牧民积累了更多的牧业养殖管理经验，更有利于降低生产经营风险，使投入的费用减少，能够获得较高的收入，但同时年龄增大将会导致从事牧业生产的精力、体力下降，总体而言，牧民年龄增加扩大牧业生产的意愿就会下降。文化程度越高的牧民就越容易接受先进的养殖技术和管理理念，会有强烈的扩大牧业生产规模的意愿。参加过技术培训的牧民，对牧业生产的发展前景充满期望，愿意把技术手段应用到生产实践中，提高生产效率，因此有积极从事牧业生产的意愿。

表 5–5　变量选取及解释

变量类型		变量名称	变量解释	预期方向
因变量		牧户是否扩大养殖规模（Y）	愿意 =1，不愿意 =0	
自 变 量	个人因素变量	年龄（X_1）	—	–
		文化程度（X_2）	—	+
		是否参加过技术培训（X_{11}^*）	是 =1，否 =0	+
	家庭特征变量	牧业劳动力（X_3）	—	+
		牧业收入（X_4）	—	+
		使用草场面积（X_5）	—	+
		牧业费用支出（X_6）	—	–
		用于牧业生产的贷款（X_7）	—	+
	一般环境变量	养殖方式（X_8）	舍饲圈养 =1，自由放牧 =2，半舍饲圈养 =3，划区轮牧 =4	?
		草场载畜量（X_9）	—	+
		对自有草场评价（X_{10}）	健康 =1，有些退化 =2，中度退化 =3，退化得很厉害 =4	–
		羊肉价格（X_{14}）	—	+
	市场环境变量	获取市场信息的难易程度（X_{12}）	困难 =1，容易 =2	+
		是否参与牧民合作组织（X_{13}）	有合作组织，参加了 =1，有合作组织，没有参加 =2，没有合作组织 =3	–

注：变量中带 ＊ 者表示虚拟变量。

第二组家庭特征变量。包括牧业劳动力、牧业收入、使用草场面积、牧业费用支出和用于牧业生产的贷款。本书认为，能够从事牧业生产的家庭劳动力越多，牧户扩大养殖规模的意愿就越强。牧业收入是影响牧民生产行为的最重要因素，牧业收入的变化会影响牧民养殖规模的选择。牧户使用的草场面积包括自有草场和租赁草场共有的面积，草场面积越多的牧户越有能力进行规模化生产，因此也愿意扩大养殖规模。随着国家退牧还草工程、禁牧和休牧政策的实施，牧民用于牧业生产基础设施的投入增加，牧业生产成本提高，这对于牧民的生产意愿会产生消极影响。牧民投入牧业生产的资金需要借助于贷款扶持，用于牧业生产的贷款数额较多，意味着牧民有扩大养殖规模的积极意愿。

第三组一般环境变量。一般环境因素指对牧户牧业生产有直接或者间接影响的外部因素，包括羊肉价格、养殖方式、草场载畜量和对自有草场的评价。由于牧户养殖的牲畜中以羊居多，所以羊肉价格的高低会直接影响牧业收入。养殖方式包括舍饲圈养、自由放牧、半舍饲圈养和划区轮牧，不同的养殖方式会产生不同的投入产出效益，影响牧户的养殖规模。由于天然草场的产草量不断下降，承载牲畜的数量不断减少，为了保护草原生态和减少天然草原的压力，国家出台了《草畜平衡管理办法》，草场的载畜量多少关系牧民原有生产规模的扩大与否。牧户的天然草场存在不同程度的退化，牧民的生产行为会受到很大限制，扩大牲畜规模变得困难。

第四组市场环境变量。包括获取市场信息的难易程度和是否参与牧民合作组织。本书认为，市场环境越优越，牧户作为理性的经济人，也越能依据市场需求安排牧业生产活动，牧户扩大养殖的意愿也越强。牧民合作组织的功能由基础的生产领域，逐渐在向资金借贷、生产技术培训等方面扩展，参与合作组织的牧户以合作社为平台进行畜产品的销售，或者以企业加牧户的方式进行产品订购，在一定程度上使畜产品销售价格能有所提高。此外，牧区很多牧户都需要进行资金借贷用于投入牧业生产，牧民合作组织就成为他们获取资金借贷的一个重要途径，可以保障牧业生产经营的长期可持续发展。因此，参与牧民合作组织会对牧民的牧业生产行为有积极影响。

2. 模型估计结果分析

通过 SPSS 软件对 172 个有效牧户样本数据进行 Logistic 回归处理，从估计结果来看，LR 统计量的值为 82.03，Pseudo R^2 统计量的值为 0.2297，说明该模型整体拟合程度较好，方程整体效果显著。

在显著的影响因素中，文化程度、牧业收入、养殖方式、草场载畜量、是否参加过技术培训、是否参与牧民合作组织、羊肉价格对牧民现有养殖规模扩大产生正向影响。年龄、牧业劳动力、牧业费用支出、对自有草场评价与牧民扩大现有养殖规模的意愿之间呈负相关关系。

（1）通过模型运行的结果，自变量年龄在10%的水平上显著，且系数符号为负，即年龄对牧民生产行为有显著影响。牧民随着年龄的增长，从事牧业生产的体力和精力不足，对于扩大现有养殖规模的意愿减弱，更愿意维持现状，保障当前基本收入来源即可。牧民希望自己的下一代通过继承牲畜、草场的方式将草原畜牧业传承下去，实现可持续发展。

表 5 - 6　牧户养殖意愿的 Logistic 模型回归结果

变量	系数	标准误差	Z 值	P > | z |	dy/dx
X_1	- 0.0318408	0.0167701	- 1.9	0.058 *	- 0.0073682
X_2	0.418438	0.240587	1.74	0.082 *	0.0968291
X_3	- 1.478631	0.3280886	- 4.51	0.000 ***	- 0.3421641
X_4	0.0000138	3.25E - 06	4.25	0.000 ***	3.20E - 06
X_5	1.67E - 06	0.0000638	0.03	0.979	3.86E - 07
X_6	- 0.0000183	6.10E - 06	- 3	0.003 ***	- 4.24E - 06
X_7	4.75E - 06	5.72E - 06	0.83	0.406	1.10E - 06
X_8	0.5225333	0.2025171	2.58	0.010 **	0.1209174
X_9	0.4117086	0.2451898	1.68	0.093 *	0.0952719
X_{10}	- 0.3833052	0.1980248	- 1.94	0.053 *	- 0.0886991
X_{11}	2.385602	0.7105396	3.36	0.001 ***	0.5520428
X_{12}	0.0576554	0.3821043	0.15	0.880	0.0133418
X_{13}	0.5008517	0.2410002	2.08	0.038 **	0.1159001
X_{14}	0.0881418	0.0343576	2.57	0.010 **	0.0203966
| cons	- 5.945465	2.520237	- 2.36	0.018	—
LR chi^2 （14）	82.03				
Prob > chi^2	0				
Pseudo R^2	0.2297				

注：P 值中的 * 、* * 、* * * 分别表示10% 、5% 、1% 的显著水平。

（2）模型运行结果显示，文化程度在 10% 的水平上显著，并与牧民扩大现有养殖规模的意愿之间呈正相关关系。牧民文化素养的提高，比较容易接受新技术和新观念，他们更愿意利用现代的通信工具进行沟通，了解市场信息，通过掌握先进的养殖技术，扩大养殖规模，促进牧业生产，提高牧业收入和生活水平。

（3）通过 Logistic 模型结果得出，牧业劳动力对牧民的生产行为影响十分显著并呈负相关。虽然牧民希望草原畜牧业能作为一种职业得到传承，但是由于牧业生产面临的自然灾害风险较大，同时又受到来自于市场风险的威胁，导致牧业收入的不稳定。牧户家庭从事牧业生产的劳动力越多，牧民越希望分散风险，通过家庭中的劳动力从事农业生产或者打工的方式来获取其他收入，其实质也是为了寻求更多的生计安全保障。

（4）牧业收入对牧民生产行为的影响在 1% 的水平上十分显著，并呈正相关。对于研究区域的牧民来说，他们把收入的最大化作为从事畜牧业生产最重要的目标。由于牧民生产生活方式均以畜牧业为核心，牧业收入是牧民收入的主要来源，因此牧业收入的增加能够提高牧民的养殖积极性，从而实现养殖规模的最大化。

（5）牧业费用支出在 1% 的统计检验水平上显著，且系数符号为负。这说明，牧业费用支出对牧民生产行为有重要影响，随着牧民家庭牧业支出的增加，愿意扩大养殖规模的意愿就降低。因此，政府应在草场维护、畜棚暖圈、围栏建设等方面进行投入，减少牧民的生产成本，使其在增加家庭收入目标下的行为选择之一是扩大牲畜规模。

（6）养殖方式对牧民的生产行为有较高的影响。从模型计量结果来看，养殖方式这一指标，在 5% 的统计检验水平上显著，且系数符号为正。采用舍饲圈养的牧民愿意扩大养殖规模的概率要高出 12.09%。这说明，在其他条件不变的情况下，舍饲圈养要比自由放牧、半舍饲圈养、划区轮牧等养殖方式更符合牧民的实际需要，能够实现向规模化、标准化、现代化养殖方向的转变。

（7）草场载畜量对牧民的生产行为有显著的正向影响。从模型结果来看，如果牧民现有的养殖规模小于规定的载畜量，则扩大养殖规模的意愿就越高。为了恢复草原生态，政府针对天然草场实施的禁牧、休牧、轮牧的政策，在一定程度上限制了天然草场的使用，那么人工草场对牧民扩大养殖规模与否就体现出重要作用。

（8）通过模型运行的结果可以看出，对自有草场的评价在10%的水平上显著，且系数符号为负，即草场地健康状况对牧民生产行为有显著的影响。草场的退化程度对牧民扩大现有养殖规模有显著的负向影响。牧民的自有草场退化越严重，扩大牲畜规模的意愿越低。由于长期超载放牧导致草场出现不同程度的退化，草场载畜量在不断下降，限制了草原畜牧业的可持续发展。

（9）科技培训对牧民生产行为具有十分显著的正向影响。从模型结果来看，参加过农牧业实用技术培训的牧民，其扩大养殖规模的意愿要提高55.2%。这说明，面对草原退化、草畜矛盾突出、生产效率低下的经营现状，科技培训能够提高牧民的生产能力和经营管理水平，科学合理地利用草场资源，从而推动畜牧业生产方式转变，使畜牧业走向现代化。

（10）合作组织对牧民扩大养殖规模有重要的影响。模型的运行结果显示，参加合作组织的牧民愿意扩大养殖规模的比率要比没有参加合作组织的牧民高出11.59%。随着牧民受教育程度的提高，更愿意加入新的组织形式，以此带来较多的经济收入。

（11）模型运行结果显示，羊肉价格在5%的水平上显著，并与牧民扩大现有养殖规模的意愿之间呈正相关关系。近年来，随着牧民定居政策的推行和市场经济的发展，牧民的生产与生活也越来越多地体现出市场化的特点，经常面临着家庭货币支出的压力，包括用于生产的投入、子女的教育成本以及社会化的人情交往支出。牧民增加家庭收入的行为选择就是通过多种渠道使畜产品能够卖出更高的价格，再尽可能饲养更多的牲畜。可见，畜产品市场价格的高低和稳定运行对于牧民养殖意愿的选择产生了较大影响。

五、结论及政策启示

1. 结论

通过对牧民生产行为影响因素的分析发现，牧户家庭在牧业上的收入支出和牧民的科技素质成为牧户是否扩大养殖规模的重要影响因素。基于对内蒙古自治区牧民生产行为影响因素的实证研究，认为牧业收入、牧业费用支出、养殖方式、草场载畜量、对自有草场的评价、是否参加过技术培训、是否参与牧民合作组织以及畜产品价格对牧民扩大养殖规模意愿有显著的影响。

2. 政策建议

一是提升牧民在草原畜牧业产业链中的地位。草原畜牧业产业链是以牧户、畜产品加工企业、畜产品经销商等相关联的主体组成的产业集群，产业链各主体的紧密协作对产业链的整体效率和绩效的发挥具有举足轻重的作用。畜牧业龙头企业、畜产品销售成为畜牧业产业链构建的重要环节，作为畜牧业供给、养殖环节的牧民却受到忽略、在产业链中的主体地位微弱，导致利益分配的不均衡，牧民增收困难。应通过牧业合作组织的建立，使牧民在牧业产业链中的地位提升，通过政府的帮扶完善牧业合作组织的各项服务功能，从而提高入社牧户的经济效益。

二是对牧民实施精准的科技培训，提高生产能力。以家庭畜牧业为生计的牧民面临着草场载畜量下降、极端天气灾害、无法适应市场变化的难题，他们有强烈地改善草地生态和提高生产能力的愿望和需求。政府应了解牧区牧户生产中迫切需要解决的实际问题，主要着力面向牧区实用技术的精准推广，广泛运用互联网媒介对牧民进行科技培训，使牧民能够掌握现代养殖技术、人工饲草地种植技术、绿色畜产品加工增值技术等，提高牧业收入。

三是探索新型养殖模式，降低牧民的经营风险。随着国家草畜平衡政策和禁牧舍饲制度的执行，牧户的养殖规模出现萎缩下滑的态势。畜产品价格的不稳定导致的"增产减收"对牧民的养殖信心打击很大。落后的经营管理水平使牧户处于高风险经营之中。政府通过应用先进的畜牧业技术，改变传统的经营方式，在保护草原生态环境的前提下，挖掘草原畜牧业的内部增收潜力，探索推广生态高效的养殖模式，使牧民的养殖成本降低，提高抗风险能力。

四是健全牧区金融服务设施，鼓励牧民增加生产性投资。牧民有改善目前生产状况的迫切愿望，却面临着金融机构担保要求高、贷款难度大的困境。政府应积极引导金融机构降低贷款门槛，改革抵押形式，简化业务操作流程，开发适合牧户需求的金融产品，满足牧户日益增加的借贷需求，激励牧民对生产投资的积极性。

第二节　蒙古国牧户生产决策行为分析

一、研究背景

草原畜牧业是蒙古国传统的基础产业，也是国民经济发展的支柱产业。2014年，受国际政治经济环境的不利影响和国内政策的失误，蒙古国经济增幅大幅下滑，经济形势较为严峻。2015年以来，经济发展依然处于低谷，各项产业的增长率放缓，经济规模进一步萎缩。蒙古国提出的"草原之路"计划，将会带来更多投资机会并带动产业升级，使能源和矿产行业提升到新的水平。蒙古国"草原之路"倡议与中国"一带一路"倡议高度契合，可以充分发挥蒙古国自身的比较优势，尤其是开拓传统畜牧业资源的潜力，使畜牧产业得到长足发展，对蒙古国经济增长起到推动作用。

蒙古国畜牧业以游牧生产方式为主，是"人—畜—草"协调发展的传统草原畜牧业。近年来，关于蒙古国草原畜牧业经济的研究成果逐渐增多。蒙古国国内的研究主要有 M. 特木尔扎布的《蒙古国草原畜牧业》，D. 詹德希拉布的《蒙古国草原畜牧业经验》，D. 都林苏楞、M. 敖兰巴雅尔的《蒙古国牧场经营管理实践》等研究成果，他们认为应该对传统畜牧业进行改革，主张草原畜牧业应以市场需求为导向，使草原畜牧业经济生产具有商业目的。一种观点是对牧场畜牧业实行定居化，这一过程将为蒙古国草原畜牧业带来新的变化和转机；另一种观点认为要使游牧和定居化相结合，这样不仅可以继承传统游牧方式，而且也可以促进蒙古国草原畜牧业的现代化发展。瑟日革琳在《蒙古草原畜牧业经济研究》中认为，蒙古国的草原畜牧业要获得较快的发展，必须改变长期形成的敞放饲养方式为圈舍饲养。合理调整和改革牧区生产资料所有制，切实采取有效措施，进一步完善牧区畜草承包的生产责任制。建立以畜牧业为基础，多产业结合，多层次、多手段联合经营的"大牧业"战略。

我国的研究学者娜仁（2008）指出，要建立和完善有层次的、专业化的、有组织的草原畜牧业产前、产中、产后服务体系，各级初级市场、各级集散市场、中心市场组成完善的市场体系，通过多渠道经营服务，保证畜产品迅速进入流通领域及消费领域。王富强（2009）认为，实现蒙古国草原畜牧业现代化，其基本途径是改变粗放经营的生产方式，依靠建设养畜科技兴牧，将各种生产要素优化组合，合理配置，走集约化经营的道路。杜富林、鬼木俊次（2015）通过对中国内蒙古自治区与蒙古国若干畜牧业生产指标的对比，明确了畜牧业经营中牧户承包使用草地的效果。认为实行草地承包经营制度有利于实现共有草地的集约化生产。对牧户个人承包草地来说，有必要监督放牧强度。麦拉苏、乌日陶克套胡（2015）指出，坚持游牧生产方式，完善牧区市场化服务体系，提高牧民的组织化程度，培育新型的市场主体是蒙古国传统畜牧业走出困境的主要途径。

全面放开的市场经济给处于自然经济状态的蒙古国传统畜牧业带来前所未有的冲击和挑战。新形势下，蒙古国传统的草原畜牧业经济将如何发展成为专家学者所关注的问题。其中畜产业是促进蒙古国草原畜牧业可持续发展的重要条件，但是相关的研究成果很少。草原畜牧业的生产性收入是蒙古国牧民的主要经济来源，通过研究蒙古国牧民的生产行为，了解保障畜产品稳定供给、促进牧区市场化程度提升的影响因素，提高牧区牧业生产效率，实现草原畜牧业的可持续发展。

二、数据来源及样本分布

本书数据来源于 2015 年 7～8 月对蒙古国牧区牧户进行的调查，采用随机调研的方法，调查地区包括后杭爱省、肯特省、中戈壁省。由于蒙古国地广人稀，牧民主要以季节轮牧为主，牧户居住较为分散，各个牧户之间空间跨越度较大，因此对入户调研造成了一定的困难。为了使调查对象覆盖更广泛的区域，尽可能地了解到不同牧区牧户的生产经营情况，选择了蒙古国东部、中部、西部共 3 个省的 8 个苏木，每个苏木随机调研 4 户牧民。调查共发放问卷 32 份，问卷有效率为 100%。

为了全面了解牧户的生产经营情况，调查内容主要包括家庭基本情况、2015年度牧业生产经营情况、草原生态建设情况、畜产品销售情况、政策因素和社会经济条件等部分。牧户家庭基本情况主要包括户主性别、年龄、受教育程度、家

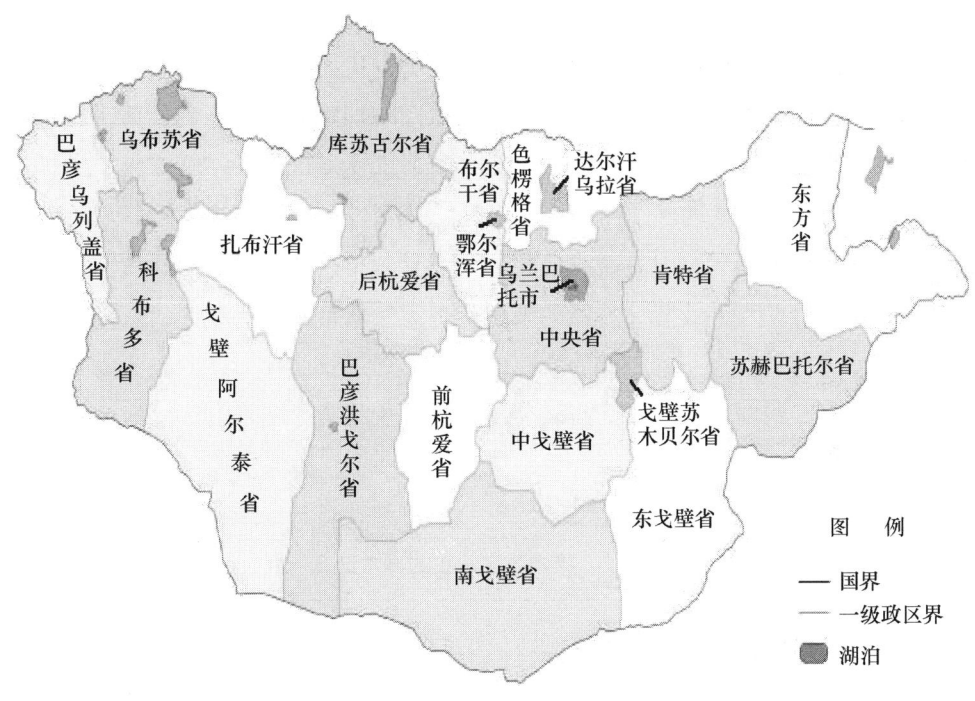

图 5 – 15　蒙古国示意图

庭人口、家庭劳动力、参加保险的情况。牧业生产经营方面主要包括使用草场面积、畜牧业收入、家畜存栏数量及种类、牧业费用支出、养殖方式等内容。草原生态建设情况包括对自有草场的评价、对草原生态保护的认识、草场载畜量等方面。畜产品销售情况主要包括销售畜产品的种类、畜产品的销售渠道、出售牧业产品的价格等。政策因素包括对国家草原保护政策评价、需要政府投入的生产设施、养殖技术培训、所在地区对动物防疫及病虫害防控的措施等内容。社会经济条件包括牧民合作组织、离最近公路的距离、获取市场信息的程度等方面。

三、样本特征描述

1. 样本牧户户主的基本情况

（1）以男性为主。在 32 份有效问卷中，户主为男性的有 26 份，女性的有 6

份，男性所占比重为81.25%，女性所占比重为18.75%。可见所调查的样本中农户户主以男性为主，男性仍然是牧区牧户家庭的主要劳动力。

（2）中老年人居多。户主年龄在40岁以下的样本牧户为10户，所占比重为31.25%；41~60岁的样本牧户有20户，所占比重为62.50%；60岁以上的样本牧户有2户，所占比重为6.25%。由此可见，样本牧户的户主以中老年人为主，这基本符合牧区的现实情况。调查发现，中老年牧民往往习惯生活在牧区，而且受教育程度、身体条件或劳动技能的限制，也无法从事其他的职业，选择继续参加畜牧业生产劳动。而年青一代的牧民已经不习惯于牧区生活，并且认为牧业生产的收入较低，纷纷进城发展。年轻劳动力的减少将会影响蒙古国牧区经济的持续发展。

表 5 - 7　样本牧户户主的基本情况

统计特征	分类指标	人数（户）	比例（%）
性别	男性	26	81.25
	女性	6	18.75
年龄	40 岁以下	10	31.25
	41~60 岁	20	62.50
	60 岁以上	2	6.25
受教育年限	文盲	10	31.25
	小学	6	18.75
	初中	6	18.75
	高中	4	12.50
	中专	4	12.50
	大专以上	2	6.25

（3）受教育程度低。调查结果表明，牧民受教育年限偏低。样本牧户户主中文盲有10户，所占比重为31.25%；小学文化程度的有6户，所占比重为18.75%；这两项加总共有16户，其比重达到了50%，说明牧户中小学及以下文

化程度的居多，这也是制约牧民收入提高的重要因素。初中文化程度的有 6 户，所占比重为 18.75%；高中及以上文化程度的牧户总共只有 10 户，所占比重为 31.25%。由于牧民教育素质低、没有劳动技能等原因，获取其他收入的途径较少。进城之后找工作比较困难，很多牧民都面临着失业，生活处于贫困状态。

2. 样本牧户的家庭情况

（1）牧业劳动力占家庭人数的比例较高。在调查的样本牧户中，牧业劳动力占家庭人数的比例 50% 以下的只有 6 户，所占比重为 18.75%；牧业劳动力占家庭人数比例 50% 的有 8 户，所占比重为 25%；牧业劳动力占家庭人数的比例 50% 以上的有 18 户，所占比重为 56.25%。近年来，蒙古国的牧民数和牧户数一直都在减少，但绝大多数的人口依然生活在牧区，畜牧业是蒙古国的支柱产业，从事畜牧业的劳动力比例较高。

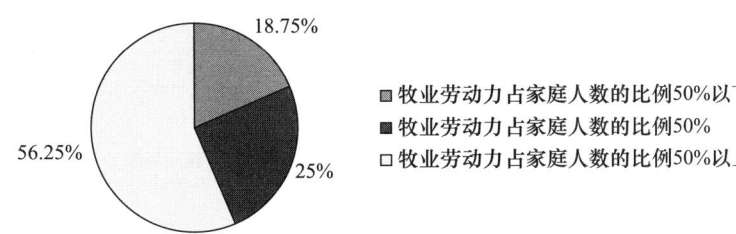

图 5 - 16　牧业劳动力占家庭人数的比重

（2）购买保险的牧户很少。在 32 户样本牧户中，购买保险的牧户只有 8 户，所占比重为 25%，其中购买财产保险和人寿保险的牧户各占到 50%；没有购买保险的牧户有 24 户，所占比重为 75%。牧民购买保险的意愿不高，因为牧业收入水平低，大部分收入用于生活消费支出，用于储蓄的很少，没有能力购买保险。其次是牧区基础设施建设较差，交通不便，通信工具落后等原因，牧民信息闭塞，不了解社会保险。蒙古国的社会服务体系还不完善，牧民的社会保障制度不健全，特别是缺少来自政府提供的金融服务产品，不利于牧民增加对畜牧业的资本投入，导致牧民生活水平难以提高。蒙古国政府应加大宣传力度，提高牧民的参保率，保障畜牧业的稳定发展。

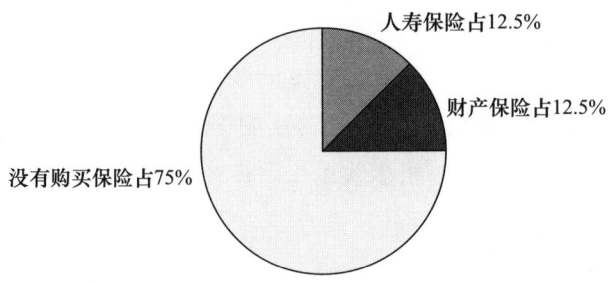

图 5 – 17　购买保险的牧户比重

四、调查结果的描述性统计分析

1. 使用草场面积

从调查的结果来看，使用草场面积在 1000 亩以下的牧户比重为 16.67%，使用草场面积在 1000 ~ 2000 亩的牧户比重为 66.67%，使用草场面积在 2000 亩以上的牧户比重为 8.33%。牧户使用的草场完全是自有草场，没有进行租赁。这也说明牧户满足于现状，扩大生产规模的意愿不强。

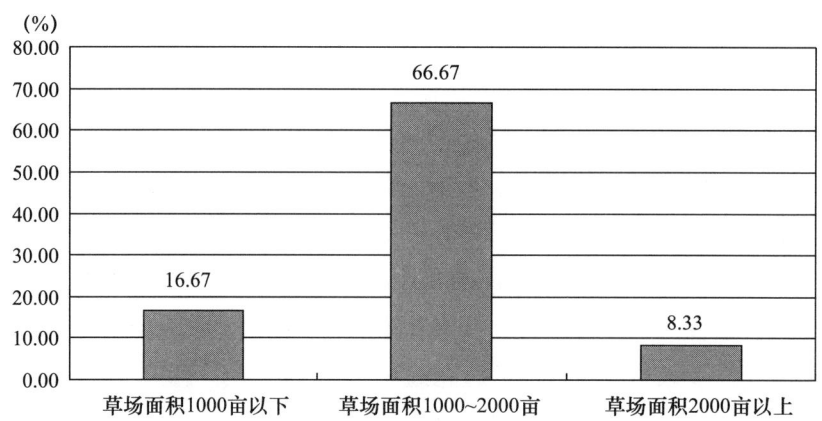

图 5 – 18　牧户的草场使用面积比重

2. 畜牧业收入

草原畜牧业是牧民的主要生产活动，也是牧民的主要收入来源，牧户的收入几乎都来源于畜牧业生产。调查结果显示，2015年度牧户的年均收入为21632.4万图格里克（约为人民币60595元），其中年收入全部来源于畜牧业生产的牧户比重为87.50%，年收入的一半来源于畜牧业生产的牧户比重为12.50%。年收入在1000万图格里克（约为人民币28011元）以下的牧户比重为33.33%，年收入在1000万图格里克（约为人民币28011元）以上的牧户比重为66.67%。2015年牧户得到国家给予的补贴收入主要是农业补助、畜牧业补助、动物防疫及病虫害补助，占补贴收入的比重分别为18.75%、75%、6.25%，没有牧区生态保护补助和牧民培训补助。

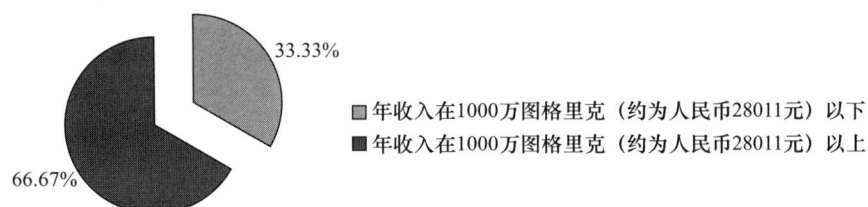

图 5 – 19　2015 年牧户年收入

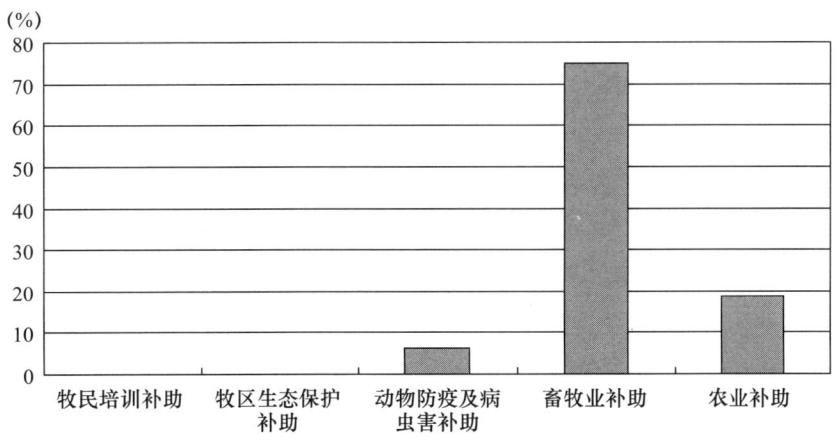

图 5 – 20　2015 年牧户的补贴收入

3. 家畜存栏数量

从调研的牧户畜牧业养殖结构来看，绵羊和山羊数量所占比例较大，羊的存栏数量户均为1197只，占家畜存栏总量的93%；牛的存栏数量户均为65头，占家畜存栏总量的5.05%；马的存栏数量户均为23匹，占家畜存栏总量的1.97%；骆驼的存栏数量户均为2头，占家畜存栏总量的0.16%。牧户的各项生产生活支出来源都要依靠出售羊来获得，培养一个子女一年的教育费用大约需要出售200只羊。因此，畜牧业生产收入是牧民最主要的收入，是牧民的主要的生活保障。

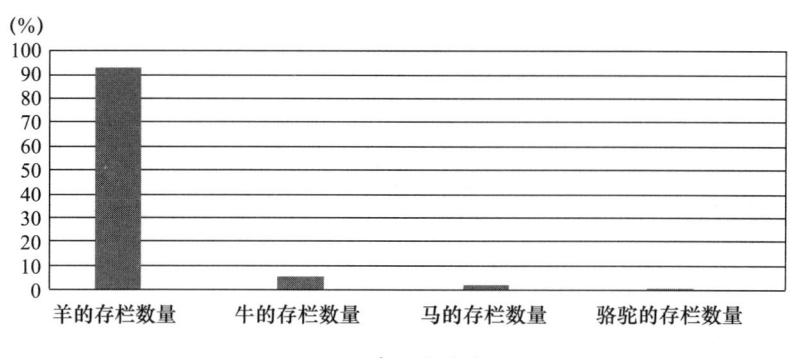

图5-21　牧户的家畜存栏数量

4. 牧户贷款情况

在调查的32户牧户中，2015年有14户牧户进行了贷款，所占比重为43.75%；没有进行贷款的牧户有18户，所占比重为56.25%。这是因为牧民贷款利率较高，不利于牧民生产生活的建设和改善，而且因为经济下滑所带来的物价上涨，加大了牧民的生活成本，牧民收入持续减少，没有偿还贷款的能力，所以牧民贷款比例不高。牧户贷款的目的主要是用于医疗、教育和改善生活的支出，所占比例分别为43.75%、43.75%和12.5%，贷款用于牧业生产的意愿较低。蒙古国政府应加大牧民迫切需要的医疗、教育方面的社会服务及补贴额度，减少牧民的生活成本，使他们把资金投入到牧业生产中，用于购买家畜、饲草料和基础设施建设，扩大畜牧业生产规模和效率，促进牧民收入的提高。

表 5 - 8　牧民贷款情况

贷款情况	贷款目的	户数（人）	比重（%）
有贷款		14	43.75
没有贷款		18	56.25
有贷款意愿	医疗	14	43.75
	教育	14	43.75
	改善生活	4	12.50

5. 畜牧业支出及养殖方式

牧民用于畜牧业生产投入的支出包括需要增加家畜的头数、购买饲草料、给牲畜防疫等。调查结果显示，畜牧业年均支出为 461 万图格里克（约为人民币12885 元），占年均收入的比重为 21.26%。由此可见，蒙古国牧户用于牧业生产投入的积极性不高，这与蒙古国牧区传统生产方式和生活习惯有关，也与蒙古国自然环境、气候条件有关，导致蒙古国牧民收入持续走低，影响了牧民畜牧业规模的扩大。在调查的牧户中，2015 年畜牧业支出中，用于草牧场维护支出为86.15 万图格里克（约为人民币 2413 元），占牧户畜牧业年均支出的比重为18.73%；用于牲畜防疫支出为 71.92 万图格里克（约为人民币 2015 元），占牧户畜牧业年均支出的比重为 15.64%；用于购买生产设施支出为 75.77 万图格里克（约为人民币 2122 元），占牧户畜牧业年均支出的比重为 16.47%。

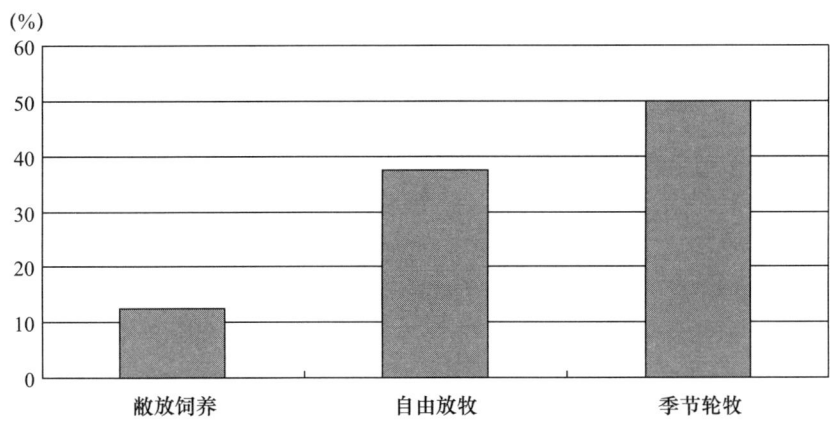

图 5 - 22　牧户的养殖方式

蒙古国牧民继承了传统的游牧生活，在牧业生产活动中，牲畜的养殖方式主要以季节轮牧为主，根据草场利用的季节适宜性为依据，牧民把天然草场按放牧季节划分成四季营地，3～5月为春季营地，5～8月为夏季营地，8～11月为秋季营地，11月至次年3月为冬季营地，每个季节利用不同的草场，有利于生态恢复和保留畜种结构的多样性。此外，也有少部分牧民采取自由放牧、散放饲养的方式。在调查牧户中，采用季节轮牧、自由放牧、散放饲养养殖方式的牧户所占比重分别为50%、37.5%、12.5%。

6. 对草原生态的认识和评价

近年来，蒙古国在提高草原畜牧业的生态经济效益，改善草原生态环境，提高畜牧业生产收入等方面取得了显著效果。但是，蒙古国草原荒漠化面积在逐年增加，速度逐年递增。造成草原荒漠化的原因非常复杂，包括自然、社会、历史等方面的原因，尤其是人为破坏影响是最主要的。在草原上开采矿产资源、新建道路以及在居住过程中破坏了大面积的草原植被，造成了生态环境的恶化，另外牧民的超载放牧对保护和恢复草地生态环境极其不利。在被调查的牧户中，没有牧户对自有草场评价认为健康；对自有草场评价认为有些退化的有6户，所占比重为18.75%；对自有草场评价认为中度退化的有5户，所占比重为31.25%；对自有草场评价认为退化得很厉害的有16户，所占比重为50%。

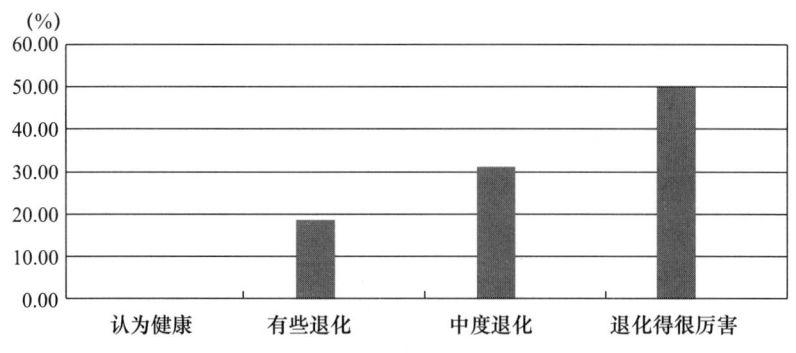

图5－23　牧民对自有草场的评价

对于草场退化的原因，牧民认为主要是在草原上开矿和不重视草场维护造成的，所占比重为43.75%，降水量和过度放牧没有对草场退化形成较大威胁，他们认为雨水好草地就好，无须刻意保护，牧民会遵从传统牧业的放牧规律，对草原进行自发保护。但随着市场环境的变化以及对草原开发的深入，政府部门应管理、监督草原保护建设，通过对牧民积极引导采取轮牧方式和人工种草措施，对草场进行维护。调查显示，牧民对围封、禁牧的政策措施不认可，认为不符合他们的游牧生活方式，也破坏了草原的自然生态规律。有18户牧民对采取轮牧方式进行草场休养生息的措施很赞同，所占比重为56.25%，他们认为这可以使草场得到很好的维护，也有利于牧民提高草原生态保护意识。有25%的牧民认为，随着草场退化面积的增加，政府应该加强人工种草的力度，保障牧民的牧业生产活动，提高牧民收入。

由于蒙古国牧区实行的是"草场公有、牲畜私有"的以家庭经营为主的畜牧业所有制形式，牧民为提高家庭经营收入会不断地增加饲养牲畜的数量，牧民在扩大养殖规模的过程中，存在对草场过度利用、超载放牧的生产行为，出现了"公地悲剧"现象，导致草原生态环境的恶化。对牧户的调查结果显示，只有4户认为现在的养殖规模小于规定的载畜量，所占比重为12.5%；有28户认为现在的养殖规模等于规定的载畜量，所占比重为87.5%；没有牧户认为现在的养殖规模大于规定的载畜量。可见，牧区草场的载畜能力正在下降，不利于牧草的恢复和生长，破坏了草原生态系统的平衡。政府要及时采取草原生态环境保护的有效方式，引导牧民适度放牧，控制牲畜头数，合理利用草场。根据蒙古国的自然生态环境条件，需要着重解决冬春的牲畜缺草问题，这样才能保障牲畜的存活率。牧民希望政府保障饲草料的供应，并在水利设施建设、信息服务方面进行

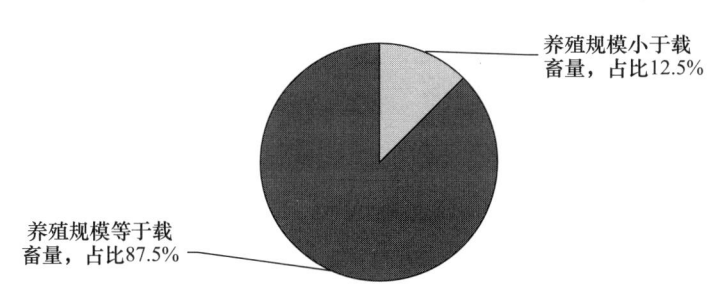

养殖规模小于载畜量，占比12.5%

养殖规模等于载畜量，占比87.5%

□认为现在的养殖规模小于规定的载畜量　■认为现在的养殖规模等于规定的载畜量

图5-24　牧户的养殖规模

投入，使畜牧业生产能够可持续发展。

经济转轨以来蒙古国畜牧业仍然延续着游牧的生产方式，游牧方式主要以四季轮牧、倒场轮牧为主。牧户根据牲畜头数、家中劳动力人数、交通工具的优劣进行着不同程度的游牧，游牧的次数和距离有所不同。牲畜头数较多、家中劳动力充足、交通工具较好的牧户可以进行更多次数、更远距离的游牧，能够很好地保护草场，使牧草得到恢复生长，有效防止了草原退化。而生产生活条件较差的牧户，由于能力所限，只能选择在较小范围内进行游牧，甚至在固定的营地放牧，造成了对草场的过度利用，不利于草原生态的恢复。以游牧方式为主的牧民其自然经济成分更加突出，生产生活的收入来源完全依赖畜牧业经营，面临着更大的牧业生产经营的风险。牧民有着强烈的改善草地生态环境以及生产生活基础设施的愿望和需求，这为畜牧业技术的应用提供了一个广阔的空间。调查结果显示，有 62.50% 的牧户有参加畜牧技术培训的意愿，有37.50% 的牧户没有参加畜牧技术培训的愿望。政府应该立足牧区现实的科技需求，直接面向牧民提供养殖、疫情防控、加工等方面的技术培训，提高牧业生产的经济效益。

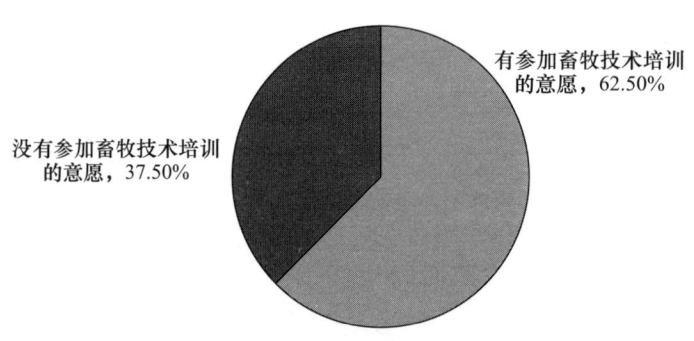

图 5-25　牧户的技术培训意愿

7. 市场环境要素

蒙古国畜牧业以游牧生产方式为主，是"人—畜—草"协调发展的传统草原畜牧业。虽然在畜牧数量方面已经形成规模，但是其自然经济的经营状态仍未得到有效改变。蒙古国畜产品品质优良，属于绿色产品，但因畜产品加工设备与技术落后，难以实现高附加值的经济效益，大多以初级原料的价格出售。蒙古国尚未形成规范的畜肉收购、运输和加工、检疫体系，畜产品商品化程度不高，开拓市场的能力不足。充分利用牧区丰富的畜牧业资源，增加畜产品销售量、提高畜牧业产值，是蒙古国畜牧业向集约化发展的重要任务。畜产品的价格直接影响着牧民收入，而销售渠道是决定价格高低的重要影响因素。在调查的牧户中，有14.29%的牧民认为畜产品没有可靠的销售渠道，卖不出好价钱；有71.43%的牧民认为畜产品销售困难，牧业收入增长缓慢；有14.28%的牧民认为畜产品销售较为容易，但收购价格不理想。牧民出售畜产品的途径主要是商贩上门收购和自己到就近的市场出售，所占比例分别为42.86%和57.14%。由于牧民的市场主体地位不高，在畜产品销售中没有主动权，产品销售价格不高，影响了牧民收入的提高。而且，畜产品既是牧民的生活来源，也是生产资源，绝大多数牧民在家里需要用钱时出售畜产品，来保障生产生活，所占比重为50%。也有部分牧民在冬春季节饲草料短缺的时候出售畜产品，以维持畜牧业再生产，所占比重为35.71%。较少数的牧民能够了解市场信息，在市场价格较高的时候出售畜产品，所占比重为14.29%。

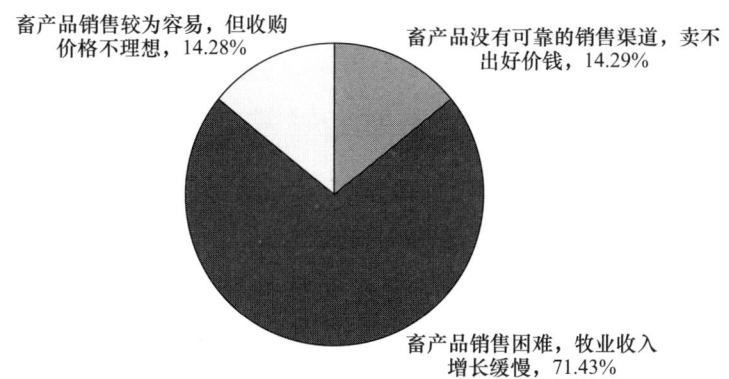

图 5 - 26 畜产品销售状况

草原畜牧业生产的畜产品，既要满足牧区广大牧民自己的生活和生产需要，又要进入市场销售。随着蒙古国畜牧业的劳动生产率和科学技术水平的不断提高，畜产品的商品化程度也在不断增加。牧民需要生活和生产方面的相关信息，才能及时适应市场需求的变化，使畜产品通过有效的销售渠道进入市场销售，保障畜牧业生产活动的顺利进行。由于蒙古国基础设施不完善，社会服务体系不健全，缺乏对牧民的市场信息服务。在被调查的牧户中，有28户牧民认为获取市场信息较难，所占比重为87.5%，政府没有有效的途径及时提供相关市场信息，造成牧民信息闭塞，不利于畜产品的生产和销售，极大地影响了牧民收入的提高。只有4户牧民认为获取市场信息较容易，所占比重为12.5%，能够使畜产品卖出好价钱。由此可见，蒙古国政府要加大对畜牧业基础设施的投入，完善对牧区的社会服务体系，促进草原畜牧业的健康持续发展。

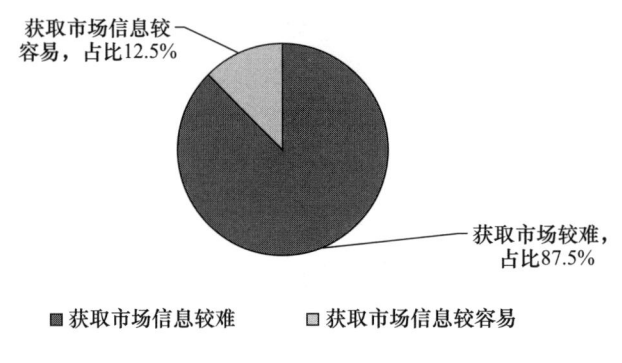

图 5 - 27　牧民获取市场信息的难易程度

五、牧户生产意愿影响因素的计量分析

1. 模型构建

为考察牧户从事畜牧业生产意愿的影响因素，本研究选用常用的 Logistic 模型进行回归分析。使用 Y_i 表示农户种植燕麦意愿，Y_i 的取值为 1 表示农户愿意种植燕麦，取值为 0 表示农户不愿意种植燕麦；X_i 表示可能对燕麦种植产生影响的解释变量。

建立如下计量经济学模型：

$$Y_i = F(X_i) + \mu_i \tag{5-1}$$

式中，μ 为随机变量。

Logistic 模型采用的是逻辑概率分布函数，其形式如下：

$$P_i = F(Z_i) = F(\alpha + \beta X_i) = \frac{1}{1 + e^{-Z_i}} = \frac{1}{1 + e^{-(\alpha + \beta X_i)}} \qquad (5-2)$$

式中，P_i 为农户选择种植燕麦的概率：

$$Z_i = \ln \frac{P_i}{1 - P_i} \qquad (5-3)$$

可得：

$$\text{Logit}(P_i) = \ln \frac{P_i}{1 - P_i} = \alpha + \beta X_i \qquad (5-4)$$

式中，β 为待估参数。

因为被解释变量为两分变量，不能使用最小二乘法进行参数估计，故本书在模型的参数估计时采用极大似然估计法。

令 $P_i = P(Y_i = 1 | X_i)$ 为给定 X_i 条件下 $Y_i = 1$ 的条件概率，则：

$$P(Y_i) = [F(\alpha + \beta X_i)]^{Y_i} [1 - (\alpha + \beta X_i)]^{1 - Y_i} \qquad (5-5)$$

联合分布为：

$$L(\beta) = \prod_{i=1}^{n} [F(\alpha + \beta X_i)]^{Y_i} [1 - (\alpha + \beta X_i)]^{1 - Y_i} \qquad (5-6)$$

其对数似然函数为：

$$\ln L(\beta) = \sum_{i=1}^{n} \{Y_i \ln[F(\alpha + \beta X_i)] + (1 - Y_i)\ln[1 - (\alpha + \beta X_i)]\} \qquad (5-7)$$

由上式可以估计出待估参数 β。

2. 变量的选取及解释

本研究将牧户畜牧业生产意愿的影响因素分为个人因素、家庭特征、一般环境和市场因素 4 组解释变量。其中，每一组变量分别选取若干具体可测度的变量作为描述变量，共确定了 14 个可测度变量，变量的选取及解释见表 5-9。

第一组个人因素变量。主要包括年龄、文化程度、是否参加过技术培训。本书认为，年纪较大的牧民，在多年的牧业生产经营中，积累了丰富的经验，并且因为年龄较大，不能再从事其他行业，所以会有积极继续从事牧业生产的意愿，在条件允许的情况下，愿意扩大养殖规模。牧民的文化程度较高，会更容易接受市场信息，能用先进的生产技术改善生产设施，但因来自于城市就业机会的增加，他们更愿意选择到城市发展，不愿意再从事牧业生产。参加过技术培训的牧民更有信心扩大牧业生产规模。

第二组家庭特征变量。包括家庭劳动力、牧业收入、使用草场面积、牧业费用支出和牧业生产贷款。家庭劳动力较多的牧户，有条件在牧业生产上扩大投入，提高收入。如果牧民从事牧业生产的收入较高，就会有积极性进行再生产，通过各种途径改善牧业生产条件，实现良性循环。草场面积越多的牧户，就越有能力进行规模化生产，并且可以通过转场轮牧来保护草场，防止草原的退化和沙化，保障草场的生产能力。牧民扩大养殖规模，需要较多的牧业投入，如果没有政策的扶持，会影响牧民的生产积极性。

第三组一般环境变量。包括羊肉价格、养殖方式、草场载畜量和对草场的评价。牧民的收入来源主要是依靠出售羊来获得，因此羊肉价格的高低会对牧民的扩大生产规模有直接影响，羊肉价格高，牧民才愿意继续从事牧业生产活动，并扩大养殖规模。蒙古国牧民主要是以游牧方式生活为主，因此养殖方式应该不会对牧民的生产意愿产生积极影响。随着蒙古国草原荒漠化面积的扩大，草场的载畜量也在下降，这对牧民继续从事牧业生产和是否扩大养殖规模都会产生消极作用。由于蒙古国的草场由公共使用，如果牧民的生态保护意识较强，会对草场进行维护，使草原得以休养生息，防止草场退化，那么牧民扩大生产的意愿就会较强。

第四组市场环境变量。包括获取市场信息的难易程度和是否参与牧民合作组织。蒙古国市场经济的改革，对畜牧业的集约化发展提出了挑战。牧民生产的畜产品只有在获取丰富市场信息的条件下，才能提高商品化程度和产品附加值，从而获得较多牧业收入，这对牧民扩大再生产会有促进作用。牧民合作组织能够提供牧民的市场地位，但由于目前蒙古国牧区牧民合作组织服务功能的不健全，没有起到真正推动牧业生产的作用，因此对牧民的生产意愿不会有积极影响。

3. 模型估计结果分析

通过 SPSS 软件对 32 个有效牧户样本数据进行 Logistic 回归处理，从估计结果来看，LR 统计量的值为 216.76，Pseudo R^2 统计量的值为 0.7245，说明该模型整体拟合程度较好，方程整体效果显著。

在显著的影响因素中，年龄、文化程度、草场面积、对草场的评价、参与牧民合作组织、养殖方式、是否参加技术培训、羊肉价格对牧民扩大现有养殖规模产生正向影响。家庭劳动力、牧业费用支出、养殖方式对牧民扩大现有养殖规模产生负向影响。

表 5 - 9 变量选取及解释

变量类型		变量名称	变量解释	预期方向
因变量		牧户是否扩大养殖规模（Y）	愿意 = 1，不愿意 = 0	
自 变 量	个人因素变量	年龄（X_1）	—	+
		文化程度（X_2）	—	—
		是否参加过技术培训（X_{11}^*）	是 = 1，否 = 0	+
	家庭特征变量	家庭劳动力（X_3）	—	+
		牧业收入（X_4）	—	+
		使用草场面积（X_5）	—	+
		牧业费用支出（X_6）	—	+
		用于牧业生产的贷款（X_{13}）	—	+
	一般环境变量	养殖方式（X_{12}）	舍饲圈养 = 1，自由放牧 = 2，半舍饲圈养 = 3，划区轮牧 = 4	?
		草场载畜量（X_7）	—	+
		对草场的评价（X_8）	健康 = 1，有些退化 = 2，中度退化 = 3，退化得很厉害 = 4	— +
		羊肉价格（X_{10}）	—	+
	市场环境变量	获取市场信息的难易程度（X_{14}）	困难 = 1，容易 = 2	+
		是否参与牧民合作组织（X_9）	有合作组织，参加了 = 1，有合作组织，没有参加 = 2，没有合作组织 = 3	—

注：变量中带 * 者表示虚拟变量。

表 5 - 10 牧户养殖意愿的 Logistic 模型回归结果

变量	系数	标准误差	Z 值	P > |z|	dY/dx
X_1	1. 055385	0. 3450068	3. 06	0. 002 ***	0. 1538906
X_2	3. 130805	0. 8672885	3. 61	0. 000 ***	0. 4565173
X_3	− 24. 79152	9. 384472	− 2. 64	0. 008 ***	− 3. 614967

续表

变量	系数	标准误差	Z 值	P > ｜z｜	dY/dx
X_4	2.47E－07	1.98E－07	1.24	0.213	3.60E－08
X_5	0.0133468	0.0074549	1.79	0.073*	0.0019462
X_6	－2.50E－06	1.25E－06	－2.01	0.045**	－3.65E－07
X_7	－0.8856934	1.24997	－0.71	0.479	－0.1291471
X_8	7.413251	1.942948	3.82	0.000***	1.080961
X_9	2.085253	1.207305	1.73	0.084*	0.3040604
X_{10}	2.703866	1.394157	1.94	0.052*	0.3942633
X_{11}	6.032895	1.529442	3.94	0.000***	0.8883407
X_{12}	－2.610036	1.014425	－2.57	0.01**	－0.3805816
X_{13}	6.517132	1.780826	3.66	0.274	0.9114043
X_{14}	7.652117	2.039679	3.75	0.000***	0.5947375
con5	－66.11305	29.21336	－2.26	0.024	—
LR chi^2 （14）	216.76				
Prob > chi^2	0.0000				
Pseudo R^2	0.7245				

注：P 值中的 *、**、*** 分别表示 10%、5%、1% 的显著水平。

（1）通过模型运行的结果，自变量年龄在 1% 的水平上十分显著，且系数符号为正，即年龄对牧民生产行为有显著影响。在经济全球化的趋势下，蒙古国从计划经济过渡到市场经济，蒙古国经济得到稳步发展。作为蒙古国国民经济基础产业之一的草原畜牧业，保持着传统的游牧方式，因此全面放开的市场经济给处于自然经济状态的蒙古国传统畜牧业带来了前所未有的冲击和挑战。2008 年以来，畜牧业经营者的数量出现了逐年减少的趋势，牧民的数量由 2008 年的 36.03 万下降到 2014 年的 29.36 万，并且牧民年龄结构也发生了明显变化，36 ~ 60 岁牧民占牧民总人数的比例超过了 50%。这说明，更多的年轻人通过各种途径离开牧区，转移到了城镇，从事其他产业。而中老年牧民随着年龄的增长，从事牧业生产的经验愈加丰富，由于他们已经没有学习新技能的能力，因此更愿意继续从事牧业生产活动，为了提高生活水平，有扩大养殖规模的意愿。这是蒙古国传统畜牧业得以发展传承的推动力，政府应通过积极的政策措施，致力于改变畜牧业粗放的经营方式，实现畜牧业的集约化发展。

（2）模型运行结果显示，文化程度在1%的水平上显著，并与牧民扩大现有养殖规模的意愿之间呈正相关关系。蒙古国牧民文化水平的提升，可以帮助他们脱离闭塞的牧区环境，改变落后的牧业生产生活方式，转变安于现状的价值观念，寻求提高生活水平的各种途径。文化程度较高的牧民，他们愿意接受新的经营理念，希望掌握先进的生产技术，提高牧业生产能力，有着较强的扩大生产的意愿。

（3）通过 Logistic 模型结果得出，家庭劳动力对牧民的生产行为影响十分显著并呈负相关。蒙古国畜牧业面临着因草原荒漠化引发草场面积减少、牧场水源短缺以及畜种改良等问题，尤其是严寒气候所带来的消极影响和经营风险加大。2014 年以来，受国际环境的不利影响和国内政策的失误，蒙古国经济增幅大幅下滑，经济形势不容乐观。这些因素对蒙古国牧民从事牧业生产的积极性产生了负面效应，年纪较大的家庭劳动力已经习惯于传统的牧区生活，继续从事畜牧业经营。但年轻的家庭劳动力则选择离开牧区，通过求学、打工等途径进入城镇寻求发展。

（4）草场面积对牧民生产行为的影响在 10% 的水平上显著，并呈正相关。1990 年蒙古国进行了经济体制改革，由计划经济转向了市场经济，在牧区表现为牲畜个人私有，草场公有，以家庭经营为主的畜牧业所有制形式。牲畜私有化大大地提高了牧民的生产积极性，如果可以利用的草场面积越多，牧民为提高家庭经营收入就会不断地增加饲养牲畜的数量。

（5）牧业费用支出在 5% 的统计检验水平上显著，且系数符号为负。这说明，牧业费用支出对牧民生产行为有重要影响。蒙古国进行市场经济体制改革后，在传统体制下一直以自给自足为生产目标的牧户要面对市场竞争，需要增加生产设施，改进养殖技术，提高畜产品的数量和品质。但是由于蒙古国社会服务体系的不完善以及牧民市场主体地位的弱小，在畜产品销售中处于被动地位，优质的畜产品并不能卖出较高的价钱。牧民的牧业投入没有带来预期的收入，对牧民的再生产产生了消极影响。

（6）通过模型运行的结果，牧民对草场的评价在 1% 的水平上十分显著，且系数符号为正，即草场的健康状况对牧民生产行为有显著的影响。虽然蒙古国的经济体制改革促进了市场化和国际化的进程，但是蒙古国面对自由市场经济体制，没有进行有效的草牧场产权制度变革，导致了草原生态环境的恶化。具体表现为牧民对城市郊区的牧场或水源条件较好牧场的过度利用，造成了明显的草场退化和荒漠化。这对于依赖畜牧业生产获取主要收入来源的牧民来说，是面临的最大不利因素。畜牧业依然是蒙古国国民经济的支柱产业，因此，草原生态环境的优劣决定牧民从事牧业生产的积极性。

（7）牧业合作组织对牧民扩大养殖规模有显著的影响。模型的运行结果显示，参加合作组织的牧民愿意扩大养殖规模的比率要比没有参加合作组织的牧民高出 30.41%。蒙古国传统畜牧业中分散经营的牧户组织化程度较低，只能进行畜产品的初加工，无法提高畜产品的附加值，在市场竞争中处于弱势地位。牧业合作组织能够给牧民提供技术信息服务，发挥组织管理牧业生产的作用，有效地提高了牧民的生产经济效益。

（8）模型运行结果显示，羊肉价格在 10% 的水平上显著，并与牧民扩大现有养殖规模的意愿之间呈正相关关系。草原畜牧业是蒙古国传统的基础产业，牧民饲养的牲畜既是生产资料，也是生活来源。但是由于牧户居住地较为闭塞，只能把畜产品卖给上门收购的人员，或者自己到集市上出售，畜产品价格较低。而且蒙古国国内市场畜产品的需求趋于饱和，畜产品加工企业规模小、深加工能力不足，产品附加值难以提高，限制了畜产品的出口，畜产品价格低迷，影响了牧民收入的增加。但是，随着蒙古国经济回暖，羊肉价格上升，会对牧民扩大牧业生产规模具有极大的促进作用。

（9）科技培训对牧民生产行为具有十分显著的正向影响。从模型结果来看，接受过养殖技术培训的牧民，其扩大养殖规模的意愿要提高 88.83%。这说明，由于蒙古国草原退化和荒漠化面积的增加，草场的载畜能力也在下降，这对牧民的生产生活带来了挑战。牧民迫切希望通过先进的科技，改善生产设施，提高抗旱、抗灾能力，增加牲畜的存活率，实现生产方式的转变。

（10）养殖方式对牧民的生产行为有较高的影响。从模型计量结果来看，养殖方式这一指标，在 5% 的统计检验水平上显著，且系数符号为负。蒙古国一直以来延续着蒙古族千百年来的传统游牧生产方式，传承着游牧文化，牧民以季节游牧、倒场轮牧和营地分段放牧为主。但是由于草原生态环境的恶化和自然灾害的频繁发生，使畜牧业的产值难以提高，游牧方式不能很好地适应蒙古国工业化、市场化发展的现实。因此，如何将传统游牧和现代畜牧业相结合，转变养殖方式，是蒙古国草原畜牧业向定居化、集约化的现代畜牧业发展的关键问题。

（11）模型运行结果显示，市场信息在 1% 的水平上十分显著，并与牧民扩大现有养殖规模的意愿之间呈正相关关系。蒙古国传统畜牧业目前仍处于"半自然经济"状态，牧区远离市场，交通闭塞，信息不畅，市场发育不健全，牧民的商品化意识淡薄，畜产品价格较低，导致畜牧业的经济效益不高。经济体制改革后，牧民需要面对市场竞争，增加畜产品附加值，为此迫切需要及时有效的市场信息服务，提高畜产品的商品化程度，进而扩大养殖规模，获得更多的牧业收入。

六、结论和对策建议

1. 结论

全面放开的市场经济给处于自然经济状态的蒙古国传统畜牧业带来了冲击和挑战。近年来，蒙古国的经济增长率持续放缓，作为蒙古国国民经济基础产业的畜牧业面临着草牧场的沙化和荒漠化、"草原五畜"并存的畜群结构被破坏、国内畜产品市场饱和引发的供需矛盾突出、畜产品商品化程度低等问题，蒙古国传统的草原畜牧业经济需要向现代化、集约化的畜牧业转型。而作为畜牧业经营主体的牧户，是畜牧业持续健康发展的关键要素。

通过对牧民生产行为影响因素的分析发现，草场地退化程度、牧民的科技素质和市场服务体系成为牧户是否扩大养殖规模的重要影响因素。基于对蒙古国牧民生产行为影响因素的实证研究，认为年龄、文化程度、草场面积、对草场的评价、参与牧民合作组织、养殖方式、是否参加技术培训、羊肉价格、家庭劳动力、牧业费用支出、养殖方式对牧民扩大养殖规模的意愿有着显著影响。

2. 对策建议

一是优化传统的游牧模式。蒙古国畜牧业可持续发展必须坚持生态原则，科学合理地掌握放牧的强度和频率，保护和提高草场的生产能力，从而有效地避免草原退化，有利于草群恢复。政府着重对冬春草场进行建设，扶持牧民在冬营地搭建棚圈，提高畜牧业抗灾能力和生产效率。在现有的产权制度框架下，学习借鉴中国内蒙古地区的游牧与定居并存、以定居为主的季节轮牧、划区轮牧的畜牧业经营方式，对现有的放牧模式进行优化，发展饲养畜牧业，因地制宜地解决好放牧模式与草牧场产权制度的关系，实现弹性有效管理的畜牧业新型发展道路。

二是加强蒙中经济贸易合作。蒙古国"草原之路"计划和中国"一带一路"倡议的实施，为蒙古国开拓更广泛的对外经贸合作领域提供了机遇。中国是蒙古国的第一大贸易伙伴国和第一大投资国，要加强和中国方面的多领域合作，扩大蒙中经贸合作空间，促进蒙古国经济发展和产业升级。中蒙两国畜产业合作的规模、层次还不高，仍停留在畜产品贸易的层面上。基于中蒙俄经济走廊的建设，蒙古国与中国在畜牧业及其加工行业的合作潜力巨大。应充分发挥各自的比较优势，以技术合作为先导发展畜产业，实现"双赢"。

三是健全市场服务体系。目前蒙古国国内市场畜产品的需求量趋于饱和，畜产品出口是解决供需矛盾的有效途径。政府要对畜牧业经营企业给予财政金融政策的扶持，引导企业进行产业化经营，注重畜产品的深加工，提高商品化程度。充分利用蒙古国畜产品优质、无污染的资源优势，在引进或培育优良畜种、疫病防御、市场信息等方面提供服务，建立规范的畜肉收购、运输和加工、检疫体系，保障畜产品质量安全。通过实施绿色品牌战略，提高畜产品附加值，延长畜产品价值链，开拓国际畜产品市场。

四是延伸畜牧业产业链。蒙古国畜牧业的市场化程度较低，基本处于半自给状态。要对牧区市场进行建设，重点扶持畜牧业加工龙头企业的发展，通过家庭牧场、牧业合作组织与牧民建立紧密的利益连接机制，实行生产、加工、销售一体化经营，提高畜产品的产值和经济效益。改变牧区畜牧业的单一经济结构，挖掘草原畜产业的发展潜力，促进草原畜牧业与交通运输业、旅游业、餐饮业和其他服务业的联动发展。保障信息网络、商品流通渠道的畅通，为畜牧业产前、产中、产后提供完善的服务，提高畜牧业产业链的运营效率，使蒙古国草原畜牧业向规模化、集约化发展。

第六章

中蒙畜产品流通

第一节　内蒙古自治区畜产品流通效率评价

一、畜产品流通的概念及特点

1. 畜产品流通的含义

畜产品流通，从马克思经济学理论角度来说，畜产品是具备有价值和交换价值的商品从生产地最终转向消费者的过程，并且这个过程中双方以货币作为价值标准以衡量整个商品的价值转移过程。可见，畜产品流通不仅涉及畜产品生产者、供应者、配送者和消费者，还将以商品的形式在整个社会经济中通过等价交换实现其应有的经济价值和交换价值。

2. 畜产品流通的特点

畜产品不同于工业制品，其最特殊的特性之一就是保存时间有限，容易受到气候环境以及地理位置的影响，其质量和新鲜度会随着时间、气候条件的改变而改变，相应的价值也会在畜产品流通过程中减损。一方面，畜产品往往是经过挑选宰杀之后的新鲜类产品，如鸡鸭鱼肉等，因此畜产品在运输或储存过程中往往会经过特殊的冷鲜处理。另一方面，畜产品由于其生产地大多数在距离市区较远的地方，具有地域分散性、季节性以及流通环节的多重性，且畜产品在装运过程中由于其特定的新鲜特性使其单位耗费的成本比一般工业制品更大。

二、畜产品流通效率相关理论分析

1. 投入产出理论

最初的投入产出理论是由美国著名经济学家提出的，他在《美国经济结构》一书中对投入产出的有关理论进行了详细的介绍，而畜品流通效率在应用投入产出理论时具有较高的可行性。投入产出理论分析的主要是特定的经济环境或者经济系统内对某种事物的投入量与产出量之间关系的研究，主要通过编制相关的投入产出图表来进行数据分析。其中这类投入产出表是以实物表或者价值表来展现的。故而，这个理论的经济实质是通过建立有关投入产出的量化关系来测度商品或者服务的经济价值。

当前，投入产出理论的应用范围极其广泛，涉及社会经济运行的方方面面。多数理论都希望从工资和物价、需求与供给等变量之间找到某种关系来揭示社会物质运行情况和存在的问题。经济学家们也习惯于用物价、利率和工资等简单资料作为分析依据。但在现实经济社会里，这些数据的关系并不是简单的一对一的关系。一项供给变动和它对应的需求变动的影响要通过一系列错综复杂、实实在在的商品或服务的交换实现。即便是单个商品交易，由于数量繁多，真实的商品市场是没有办法独立观察和分析的。但是投入产出理论却具象地把每个交易分类或聚集再形成某种秩序，这一点与真实的交易情形有出入。该理论的实质是想利用经济各部门之间相对稳定形态的商品和服务流量，把整个体系的统计事实置于可控和可研究范围内。

2. 规模效应理论

规模效应理论的主体思想是通过投入更多的生产要素来获得比以往更大、更有效的产出，并且其相关比例以更大的数值上升时则表明企业形成了相应的规模经济，反之则表明企业并未形成规模经济。规模经济主要涉及的是边际成本与边际收入，当这两者相等时通常表明利润满足最大化的条件；当边际收入大于边际成本时，则表明企业会有相当的利润进账，反之则意味着企业可能面临亏损的风险。

实际运用该理论分析一个企业是否实现规模经济时，经济学家通常在一个坐标图中描绘出该企业的生产成本曲线和销售收入曲线，用坐标数据和图形直观反映收入、成本、产量和利润的复杂关系。当时，表明企业每多生产一件该商品所增加的收入大于生产这单位商品所投入的成本，这时企业会加大投入生产，使产量增加，在完全竞争市场中商品供给增加，价格就会下降，这样导致该产品边际收入下降，边际成本上升，当和两者相等时，企业将不会再增加成本来扩大生产。

3. 供应链及核心企业理论

供应链的概念最早来源于彼得·德鲁克提出的"经济链"。在 20 世纪 90 年代后，这个概念得到了管理学家们的进一步发展。他们认为供就链是用最经济的方式实现产品从原料到生产再到消费的活动，是一个网络组织结构，这个网络由供应商、生产商、分销商和消费者组成，这些组织成员对这个网络的健康运作起着至关重要的作用。供应链包括产品从供应者到消费者的所有环节，是一个具有高度竞争力和满足消费者需求的供应系统，是一个通过集供应商、生产商、批发商、零售商和最终消费者之间前馈和反馈的物质流和信息流连接的结构模式。有关数据显示，有效的供应链管理可以缩短节点企业间的订货生产周期，提高准时交货率，搞高节点企业生产效率。

4. 专业分工理论

产品之所以要流通是因为有了分工，有了分工才导致人们不得不通过商品流通来满足自身需求，地区间和国家间的分工更是让产品流通得以快速发展。比较有代表性的分工理论主要有绝对优势理论、新贸易理论、比较优势理论、要素禀赋理论及其扩展等。

绝对优势理论是亚当·斯密分工原则的基础，一种商品的流通是因为生产这种商品的生产成本在流入地与流出地是有差异的，也就是说商品流入地生产流通产品时生产成本较流出地高，自己生产不如从流出地购买，流入地生产该种商品具有劣势，而流出生产该商品时具有绝对优势。这种流通对于提高地区和国家的福利和经济是有帮助的。然而事实上，许多流出地的流出商品并不全是具有绝对优势的产品。因此大卫李嘉图在亚当·斯密的理论基础上提出了比较优势理论，他认为分工不仅限于生产成本的绝对差异，只要在一个区域内不同产品的生产成本存在差别，就可以使各地区在不同产品的生产上具有比较优势。比较优势使分工的范围更为广泛，更大范围实现资源的有效利用。新贸易理论认为，对消费者来说商品种类越多效用水平越高，而对于生产者来说，生产单一的产品更容易实现规模经济和利润最大化，因此生产者的规模经济与消费者的多样化需求之间就产生了冲突。这种冲突的解决是使资源和人口规模增加。新贸易理论认为，国家之间的自由贸易正好具有这样的特点，即使两国不存在李嘉图的比较优势，只要有规模经济，就可以生产不同的产品进行国际商品流通。

三、内蒙古自治区畜产品流通效率测量指标体系

1. 畜产品流通效率测量指标体系的选择

畜产品的流通一般指畜产品从生产地向使用地的实体流动中，将畜产品生产、收购、运输、储存、加工、包装、配送、分销、信息处理、市场反馈等功能相互结合、优化管理来满足消费者的需求，并实现畜产品价值增值的过程。关于畜产品的流通，很难直接通过畜产品的流通过程中各个环节的产出比率来衡量，但是可以通过一些相关指标来间接衡量畜产品的流通效率。本书依据李佳宝的《提高内蒙古自治区畜产品流通效率的对策研究》一文选择了畜产品的流通速度、畜产品企业的规模和畜产品企业的效益三个指标来测量畜产品流通效率，主要包括总资产周转率、批发零售业畜产品流动资产周转率、批发零售业畜产品固定资产周转率、批发零售业存货周转率、畜产品生产率、人均畜产品消费额反映畜产品的流通速度；批发零售业销售利润率反映畜产品企业的流通效率；批发零售业货物周转量、批发零售业购销率和批发零售业集中度反映畜产品企业的规模。内蒙古自治区畜产品流通效率测量指标体系的建立如表6-1所示。

表 6 - 1　内蒙古自治区畜产品流通效率测量的指标体系

测量指标	变量	指标含义
总资产周转率	X_1	批发零售业畜产品主营业务收入/平均总资产
批发零售业流动资产周转率	X_2	批发零售业畜产品主营业务收入/平均流动资产
批发零售业固定资产周转率	X_3	批发零售业畜产品主营业务收入/平均固定资产
批发零售业存货周转率	X_4	批发零售业畜产品主营业务收入/平均存货
批发零售业销售利润率	X_5	批发零售业畜产品企业主营业务利润/主营业务收入
批发零售业购销率	X_6	批发零售业畜产品购入额/销售额
畜产品生产率	X_7	畜产品产值/草场面积
批发零售业集中度	X_8	批发零售业畜产品销售额/全社会消费品零售额
人均畜产品消费额	X_9	畜产品销售额/总人口
批发零售业货物周转量	X_{10}	实际运送货物吨数×货物平均运距

2. 内蒙古自治区畜产品流通效率测量的数据来源

本书建立的指标体系中的数据主要来源于 2008 ~ 2014 年的中国统计年鉴，部分依据李佳宝的《提高内蒙古自治区畜产品流通效率的对策研究》一文的数据以及计算方法取得。畜产品流通效率测量指标的具体计算数据如表 6 - 2 所示。

表 6 - 2　内蒙古自治区畜产品流通效率测量指标

测量指标　　年份	2008	2009	2010	2011	2012	2013	2014
X_1	2.97	4.24	16.07	21.09	12.02	9.37	10.63
X_2	4.79	5.65	22.72	29.86	22.33	20.5	20.32
X_3	19.88	20.52	60.02	84.69	56.69	42.39	48.51
X_4	0.94	0.58	0.23	0.27	0.29	0.29	0.21
X_5	6.70	31.20	40.76	18	17.18	13.40	12.99
X_6	10.17	7.27	2.61	2.23	2.85	2.79	1.88
X_7	1026.16	1058.15	1206.25	464.23	1645.38	1777.18	1773.02
X_8	7.42	9.4	30.45	35.91	27.49	27.62	35.37
X_9	7.47	10.92	42	57.76	50.48	56.55	79.9
X_{10}	3548.36	3963.12	3949.24	5138.15	5582	4514.15	4550.29

四、内蒙古自治区畜产品流通效率的实证分析

表6 – 3　KMO 和 Bartlett 的球形度检验

取样足够量的 Ksiser – Meyer – Olkin 度量		0.866
Bartlett 的球形度检验	近似卡方	29.6
	df	123.5
	Sig.	0.000

根据表6 – 3，Bartlett 的球形度检验 Sig. 值为 0.000，KMO 的值为 0.866，由此可以认为各变量之间存在显著的相关关系，与相关矩阵得出来的结论相符。也就是说，说明该问题可以很好地用因子分析来解释。

1. 因子分析

为了得出内蒙古自治区畜产品流通效率，运用 SPSS17.0 软件，对表6 – 2 的数据进行因子分析，因子分析的结果如下：

第一，提取公因子。从表6 – 4 中，可以看出两个公因子的特征值分别为7.271、1.575，由于这两个数都大于 1，且这两个公因子的累积方差贡献率为88.462，说明在这十个公因子中提取 2 个公因子，就可以涵盖全部变量的数据特征。

表6 – 4　因子分析总方差解释表

成分	初始特征值			提取平方和载入		
	合计	方差（%）	累积（%）	合计	方差（%）	累积（%）
1	7.271	72.711	72.711	7.271	72.711	72.711
2	1.575	15.751	88.462	1.575	15.751	88.462
3	0.715	7.147	95.609			
4	0.393	3.930	99.539			
5	0.042	0.423	99.963			
6	0.004	0.037	100.000			
7	$2.706E - 16$	$2.706E - 15$	100.000			

续表

成分	初始特征值			提取平方和载入		
	合计	方差（%）	累积（%）	合计	方差（%）	累积（%）
8	1.645E-16	1.645E-15	100.000			
9	-2.232E-17	-2.232E-16	100.000			
10	-1.969E-16	-1.969E-15	100.000			

提取方法：主成分分析法

第二，运算四个公因子的负荷系数。运用方差最大化正交旋转方法计算提取的两个公因子的负荷系数，如表6-5所示。

表6-5　成分矩阵

	成分	
	1	2
X_1	0.860	0.378
X_2	0.972	0.108
X_3	0.894	0.245
X_4	-0.932	-0.143
X_5	0.071	0.922
X_6	-0.972	-0.056
X_7	0.772	-0.573
X_8	0.979	0.013
X_9	0.908	-0.291
X_{10}	0.768	-0.271

提取方法：主成分分析法

a. 已提取了2个成分

从表6-5可以看出，因子1对X_1、X_2、X_3、X_4、X_6、X_7、X_8、X_9、X_{10}有绝对值较大的负荷系数，因子2对X_5有绝对值较大的负荷系数。

第三，提取两个因子的最终分值。

表 6 – 6　因子得分信息表

F_1	F_2
0.64095	– 0.90709
0.30632	– 0.84842
0.54368	– 0.51795
1.01478	0.38827
0.31048	1.79711
– 1.17563	0.67842
– 1.64057	– 0.59033

2. 内蒙古自治区畜产品流通效率测量

根据以上因子分析的过程，计算出各个因子的权重：

F_1 的权重 $P_1 = 72.711/88.462 = 0.82$

F_2 的权重 $P_2 = 15.751/88.462 = 0.18$

再根据各个公因子的权重计算出内蒙古自治区畜产品流通效率值。

内蒙古自治区畜产品的流通效率值 $E = P_1 \times F_1 + P_2 \times F_2$，根据以上分析，即可得出 2008 ~ 2014 年内蒙古自治区畜产品流通效率值 E，具体分析数据如表 6 – 7 所示。

表 6 – 7　2008 ~ 2014 年内蒙古自治区畜产品流通效率值

年份	流通效率值 E
2014	0.361
2013	0.098
2012	0.353
2011	0.902
2010	0.578
2009	– 0.842
2008	– 1.452

根据表 6 – 7 的数据可以绘制出 2008 ~ 2014 年内蒙古自治区畜产品流通效率

的趋势图，如图6-1所示。

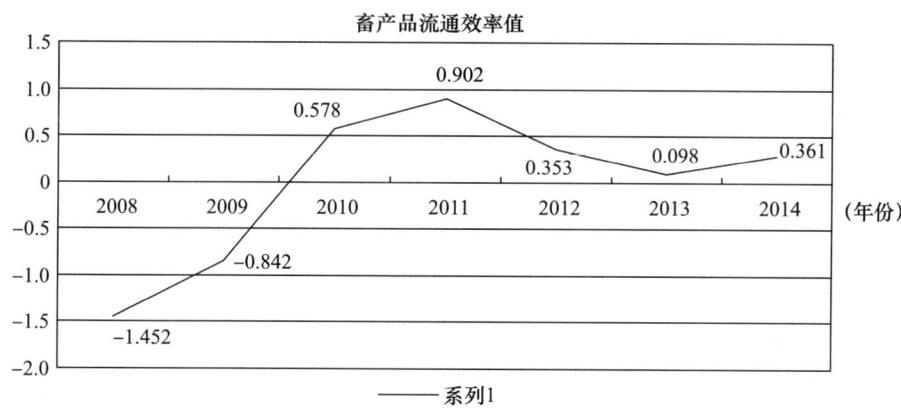

图6-1　内蒙古自治区畜产品流通效率的发展趋势

3. 数据结果分析

根据以上分析，可以很明显地看出，2008～2011年，内蒙古自治区畜产品流通效率一直呈上升趋势，且在2010年的时候突破了零，并在2011年达到了最大值，2011年以后开始呈下降趋势，2014年又有所增长，但增值不大。虽然，2010～2014年内蒙古自治区畜产品流通效率一直大于零，但总体来看，内蒙古自治区畜产品流通效率依旧处于较低水平。

五、内蒙古自治区畜产品流通效率低下的主要原因

1. 政府扶持针对性不强

近年来，内蒙古自治区政府部门对内蒙古自治区畜产品的发展给予了很大的支持，投入了大量的资金，同时在畜产品市场管理方面也逐渐制度化和法制化。内蒙古自治区畜产品绝大多数都销往蒙古国，但对于畜产品这个庞大的市场来说，产品种类多，经营模式各不相同的畜产品销往蒙古国的过程亦困难重重。而政府目前的扶持还只是整体上的，针对性不强，没有根据畜产品市场的实际情

况，结合蒙古国的市场需求给予不同的扶持政策。此外，内蒙古自治区作为畜产品发展的重要地区，畜产品质量标准与认证标准的完善度皆有所缺失，因此加快内蒙古自治区畜产品标准化进程，建立完善的质量与认证标准是促使畜产品流通效率进一步提高的重要保证。政府在这个标准化进程中有着不可替代的重要职能，包括强化监督职能、维护畜产品交易市场秩序的职能等。

2. 畜产品流通组织发展水平不完善

对于内蒙古自治区的牧民来说，畜产品的销售主要以分散、零散形式进入市场并进行交易，难以形成规模性、组织性的商品交易模式。流通组织化程度低致使牧民缺乏市场竞争力，畜产品以零散的状态进入市场，牧民很容易受到利益集团的侵害。加之牧民缺乏自我保护意识，常常导致恶意降价、强买强卖等不正当的竞争。同时，畜产品流通组织化程度低导致牧民销售效率低，由于畜产品保质期较短，不能及时销售导致畜产品的损耗成本过高。

畜产品流通组织从某种程度上来说是指畜产品在生产前端和消费终端过程中各个流通环节所涉及的基地、市场以及企业结构形式。近年来受到西方发达国家的现代畜产品流通组织影响，我国逐渐采取畜产品连锁超市的形式以及提升物流技术手段来试图构建新型畜产品流通组织形式，并且有关专家提出组织结构的创新关乎牧民创收以及畜产品经济增值。其中有专家认为，通过分析畜产品流通的具体网络组织的结构特征，了解到这种介于畜产品生产与畜产品消费的形式，极大地克服了传统畜产品流通组织的弊端。但是基于我国畜产品市场的特点，更加倡导以畜村合作社的形式与外部供应商、分销商以及零售商进行合作。这种方式既打破了传统畜产品流通中"高产难卖"的情形，又增加了畜产品销售的灵活性与经济效应。

此外，畜产品流通体制的改革呼声由来已久，其主要原因在于较高的机会成本、交易费用以及企业在进行畜产品管理时所产生的管理成本，削弱了畜产品经济增值的潜力以及影响了整个畜产品流通的效率。由此可见，畜产品流通体制从宏观层次来看是影响畜产品流通效率的一个重要因素。我国自实施社会主义市场经济体制以来，高度自由的市场机制自动调节畜产品市场经济并没有很快实现，由传统的计划体制所带来的畜村家庭散户销售仍然占据畜产品销售流通的最大比例，其交易结构仍然落后于市场需求，地域差异仍是造成畜产品流通困难的重大阻碍，而这背后的一大重要缺失就是畜产品流通体制的改革进展较为缓慢，无法及时应对现有畜产品市场的供给状态。因此，诸多国内学者提出建立以国家政府宏观调控为前提，以市场自主配置为核心，完善畜产品流通基础设施，加大畜产品流通多元化主体，使牧户或生产基地、供应商、分销商、零售商以及消费者之间形成有机有序的联系，最终建立起以信息平台为导向的大型畜产品集贸市场，实现集团化、一体化和现代化。

3. 物流基础设施薄弱

首先，畜产品商业化处理程度较低，畜产品商业化处理是畜产品流通中的重要环节之一，是指对于畜产品从生产地运送到下一个环节之前所要进行的挑选、分类、清洗、包装以及必要的保鲜处理等过程。可见畜产品商业化是提高畜产品商业度与畜产品品质、降低不必要损耗的重要措施之一，与此同时，畜产品商业化和规格化后更便于装运与销售。但是，内蒙古自治区相当大比例的畜产品都没有经过如此精细的挑选而直接进行装运销售，其直接原因是机械化设施不足，科技转化为实际的畜业生产力较低，而手工劳作势必加大成本时间损耗，从而最终导致畜产品商业化处理程度低下。目前，内蒙古自治区较为精细的商业化处理的畜产品不足，而以初始畜产品形态（即未经过加工分类挑选等过程）直接进行销售的散装畜产品占据畜产品市场的大部分份额。总之，内蒙古自治区畜产品商品化的提升空间极大，在包装、运输、机械化处理等方面还有待进一步加强。

其次，畜产品流通环节繁多，各环节水平不匹配。事实上，畜产品流通是一个集畜产品生产、加工、货运、存储、配送以及销售在内的各个紧密相连环节所组成的集众过程，这个过程中每个环节的完成都需要快捷的物流渠道进行配送，但是内蒙古自治区畜产品流通的基础设施、物流技术相对落后，延长了各个环节的流通时间与成本，畜产品存货周转速度滞缓，削弱了整个畜产品的流通效率。

最后，内蒙古自治区畜产品在销往蒙古国的过程中往往因为路途遥远、基础设施不完善而导致畜产品在流通过程中损失现象严重，大大增加了畜产品的流通成本。畜产品流通成本主要体现在运输损耗、储存加工保鲜成本、运输成本、物流中介费。畜产品的自然属性对运输、包装、加工等提出了很高的要求，而内蒙古自治区包装运输的机械化、自动化水平较低，畜产品在流通过程中缺乏先进的保鲜设备，加之由公路运输导致的流通速度慢、途中损耗率高以及较高的流通费用等原因，使畜产品的采购量和实际销售量之间存在较大的差距，增加了畜产品的流通费用。

4. 畜产品流通标准化及营销管理水平较低

一方面，畜产品标准体系尚未建成，质量认证尚未规范化，内蒙古自治区作为对外开放的重要省市之一，畜产品生产的区域面积较广，由于各种历史原因及政策，畜产品在规范化、标准化的生产、包装、销售方面尚未建立统一的标准，质量认证体系还不规范，这使消费者在挑选畜产品时难辨优劣真假。畜产品市场信息失真现象时有发生，这大大降低了内蒙古自治区畜产品在国内市场占有率以及进入国际市场的竞争力。目前在全国范围内，并没有一个统一的基于市场机制的畜产品流通标准，畜产品流通市场存在随意性与主观性的交易，从而无法实现畜产品在流通过程中的标准化操作和现代化的结算。畜产品流通业标准化的缺失直接导致了畜产品流通时间加长，进而引起了单位畜产品流通成本的增加，削弱了流通效率的提升空间。

另一方面，畜产品流通缺乏有效的营销管理，畜产品流通效率过低，没有形成较大的规模效应和经济效益，大多数畜产品以单一简单的形式出售，缺乏适当的包装和宣传，从而降低了畜产品的附加价值。营销管理对于畜产品流通效率的提高主要体现在销售环节，包括畜产品生产者将畜产品销售给中间商或者畜产品生产者直接将畜产品销售给消费者。大多数畜产品是由分散的牧业生产者进行生产，其营销管理意识较差，难以有效地进行畜产品销售规划。从内蒙古自治区畜产品市场发展现状来看，市场的需求量比较大，市场发展空间广阔，但是，畜产品的销售模式和市场需求的差距较大。牧民生产的产品同质化问题较严重，而且牧民往往是被动地坐等购买者来购买，而不是主动地去选择有利的市场时机进行销售，在市场中成为被动者。从营销方面来说，牧民的广告意识浅薄，导致对畜产品的宣传力度不够，畜产品的知名度一度处于较低水平。此外，牧民缺乏品牌意识，不懂得使用品牌，很难给消费者留下深刻印象，二次购买的可能性比较小。即使消费者觉得这个畜产品不错，想要再次购买到同样的畜产品也很困难。销往蒙古国的畜产品往往种类较多，品牌混杂，不利于消费者快速做出决策，从而影响畜产品的销售。

六、提高内蒙古自治区畜产品流通效率的对策

1. 政府扶持政策要有针对性

面对内蒙古自治区畜产品流通效率较低的现实，需要政府在资金支持和基础设施建设方面加大投入的力度，强化监督职能，维护畜产品交易市场秩序。与此同时，完善畜产品质量标准与认证体系，保障畜产品的质量安全。以"优胜劣汰"的原则实施畜产品市场准入制度，严格规范畜产品流通秩序。针对蒙古国的消费市场，政府应该有针对性地出台一系列贸易政策，以促进与蒙古国的贸易往来。此外，政府也可以专门针对销往蒙古国的畜产品生产商给予一定的政策性补贴和资金支持。政府应当对牧区嘎查至城镇之间的畜产品流通网络进行重建及完善，比如加大对批发市场、零售市场以及畜产品零售点的设施投资，并结合不同地域的实际情况作出因地制宜、因时制宜的规划决策。这样既有利于畜产品流通市场的发展，也有利于扩大与蒙古国之间的经贸合作。

2. 提高流通组织化水平

对于内蒙古自治区畜产品市场零散化，流通组织发展水平低的现象，可以鼓励牧民组织起来，组成一个合作体，共担风险，共享资源，进行合理化、制度化管理，从而促进畜产品的有效流通。此外，也可以鼓励建立专门的销售组织，负责畜产品的物流以及销售，牧民只作为生产者不参与流通和销售。同时，也要提高牧区的信息化水平，建立物流信息系统，实现信息共享，信息互通。这些措施都有效地将畜产品流通过程中的各个个体集合起来，及时了解市场信息，促进交流合作，既有利于管理，又有利于畜产品的流通，从而更好地促进畜产品的销售。传统的畜产品零售市场在畜产品供销过程中占据最重要的角色，不同于国外发达国家畜牧业的高度机械自动化和人工智能化，内蒙古自治区畜牧业市场在经营规模、畜产品品种、包装冷鲜、信息交换以及安全措施方面都远远落后于国外甚至国内的某些省市。因而，需要对传统畜牧业市场进行信息化和基础设施上的功能升级，重视畜产品信息网络平台的建设，倡导实施新型畜产品流通渠道，加强政府监管力度，降低违法买卖行为，比如强买强卖、以次充好等投机违法行

为，为畜产品市场的公平有序交易创造有利条件，实现畜产品流通效率的进一步提升。

3. 加强物流基础设施建设

首先，在畜产品生产集中的牧区周边建立交通枢纽，修建与蒙古国往来的交通道路，进一步完善交通运输体系，保障畜产品的快速流通。采用先进的畜产品运输设备，畜产品季节性强，保质期短，普通的运输方式和设备会加快畜产品的变质和腐烂，导致畜产品的大量损耗，先进的运输设备具有保鲜功能，能大幅度降低运输成本。加强畜产品的储存及运输体系，在加强运送途中的制冷体系建设的同时，要形成畜产品生产者和销售者互相衔接、互相服务，共担风险的产业链，从而更好地为畜产品的流通保驾护航。其次要进行人才培养，注重培养具备畜产品知识储备的优秀人才，是畜产品基础设施建设的重要组成部分。此外，加快畜产品新模式"畜超对接"以及批发市场扩建的进程，是提高畜产品流通基础设施建设水平的重要方式。

畜产品流通过程人工智能化、机械化以及水陆空建设畜产品流通基础设施，主要包括畜产品运输路线的水陆空道路建设、物流技术的提高以及冷藏保鲜技术的改进，即在加强畜产品流通路线建设的同时也要注重畜产品加工、冷藏、保鲜技术的支持和使用力度，并逐渐实现畜产品在加工、包装等诸多流通环节的人工智能化和机械自动化，从而减少流通过程中不必要的人工成本和耗费，以此提高畜产品流通效率。在这个过程中，内蒙古自治区政府承担着核心的职能角色，对于相关的资金调度以及财政补贴等方面进行监督和指导。

4. 提高牧民营销意识

不管是畜产品的生产者还是销售者，营销意识都是不可或缺的，不论是对品牌宣传还是广告建设来说，营销是提高竞争力的有效手段。应该加大营销知识的宣传力度，培养牧民的营销意识，鼓励牧民对自己的产品进行商标注册，树立品牌意识。同时也可以开设营销课堂进牧区，让牧民进一步了解市场，学习营销知识，具备营销理念，要着重培养牧户的经营意识、市场意识以及营销意识。而对于生产基地主管人员来说要着重锻炼其营销能力。对于畜产品生产经营者要强化营销意识，一方面，要有目的、有针对性地对畜产品营销相关的理论知识进行不断的丰富与完善；另一方面，把畜产品市场流通的实际经验与理论相结合，总结出适合畜产品营销的方式方法，最终达到提升畜产品流通效率、增收创收的目的。

七、总结

内蒙古自治区作为畜产品生产输出的重要地区，有良好的资源条件，但从流通效率来看，内蒙古自治区畜产品流通效率还处于较低水平。通过建立内蒙古自治区畜产品流通效率指标体系，并运用因子分析的方法对 2008～2014 年的内蒙古自治区畜产品流通效率情况进行分析，得出内蒙古自治区畜产品流通效率低的原因主要是：政府扶持政策针对性不强，畜产品流通体制发展水平不完善，物流基础设施薄弱，畜产品流通标准化及营销管理水平较低等。内蒙古自治区要结合畜产品流通的实际情况，采取解决对策：政府扶持政策要有针对性、提高流通组织化水平、加强物流基础设施建设和提高牧民营销意识等。

第二节 蒙古国畜产品流通现状研究

一、蒙古国对外贸易整体状况分析

2014 年，蒙古国与世界 135 个国家开展对外贸易，外贸总额达 110.11 亿美元，同比增长 3.84 亿美元，其中出口 57.74 亿美元，同比增长 15.05 亿美元；进口 52.37 亿美元，同比下降 11.22 亿美元，是蒙古国近年来首次的外贸顺差年，顺差达 5.37 亿美元。在蒙古国对外贸易中，出口的主要产品有矿产品及畜产品等，而与蒙古国贸易频繁的国家（按照交易份额）中中国居第一位。蒙古国向中国出口的产品总量为 50.74 亿美元，占出口总量的 74.2%；其次是俄罗斯、韩国等。中蒙 1951 年建立贸易关系，2008 年签署《经济贸易合作中期发展纲要》，未来中蒙经贸合作的目标是 2020 年双边贸易额达 100 亿美元。

截至目前，中国已经连续 12 年保持蒙古国第一大投资来源国地位，其中出口额中占 90%以上的主要是矿产品、纺织品、牲畜皮毛制品等，畜产品是除了矿产品之外的比较多的出口产品。2009 年和 2012 年，畜产品的出口额出现了一定比例的下滑，其中绵羊皮以及羔羊皮同比下降 45%、49.5%，下降幅度比较大。主要原因是 2009 年的经济危机所导致的蒙古国出口产品幅度下降，尤其是畜产品中用于食用的产品。2015 年蒙古国与世界 148 个国家和地区开展对外贸易，实现贸易总额 84.666 亿美元，同比下降 23.1%，减少 25.444 亿美元。其中，出口完成 46.695 亿美元，同比下降 19.1%，减少 11.049 亿美元；进口完成 37.972 亿美元，同比下降 27.5%，减少 14.395 亿美元。在经济形势严峻的情况下，对外贸易实现顺差 8.723 亿美元，同比增长 62.2%，增加 3.346 亿美元。

表 6-8　2013~2015 年蒙古国对外贸易情况表　　　　单位：亿美元

分类	2015 年		2014 年		2013 年
	额度	增速（%）	额度	增速（%）	额度
进出口总额	84.666	-23.1	110.112	3.6	106.369
出口额	46.695	-19.1	57.746	35.3	42.691
进口额	37.972	-27.5	52.36	-17.6	63.578
差额	8.723	62.2	5.379	-125.8	-20.888

注：本数据来自蒙古国国家统计局、蒙古国海关公布的资料。

从表 6-9 中可以看出，2014 年和 2015 年，在蒙古国出口的主要产品中，包含动物及畜产品分别是 1651.35 万美元、2638.95 万美元；而进口额中的动物及畜产品分别是 6721.54 万美元、4097.08 万美元，虽然在出口产品中畜产品不是占据主要地位，却是其传统特色的优势产品。

表 6-9　2014~2015 年蒙古国主要产品进出口情况表　　　　单位：万美元

产品种类	出口		进口	
	2014 年	2015 年	2014 年	2015 年
动物及畜产品	1651.35	2638.95	6721.54	4097.08
植物产品	2231.51	3784.0	8803.79	7860.72

续表

产品种类	出口		进口	
	2014 年	2015 年	2014 年	2015 年
动植物类油脂	1.18	7.17	3153.22	2736.39
食品类	1158.88	1566.93	38255.66	32947.40
矿产品矿物制品	479148.17	367838.13	146394.51	93641.86
化工产品	64.53	65.68	30890.01	27034.50
塑料橡胶制品	216.76	242.88	20415.41	14026.50
皮革及皮毛制品	3580.05	3380.56	691.45	542.35
木制品	63.60	42.54	5835.85	4101.83
纸制品及硬纸板	5.54	10.57	5524.05	4595.73
纺织、针织品	38875.16	30265.45	6702.74	5718.82
鞋帽服装类	135.85	143.39	1514.28	1320.00
石材制品	9.40	9.90	14185.06	10629.66
珠宝、半宝石、贵金属、装饰品、钱币	40557.77	42138.50	275.36	114.69
基本金属及制品	4770.30	7227.90	53883.75	37198.70
机器、机械设备、电器及其配件	5829.68	5421.84	98470.00	78551.09
交通工具及配件	3506.75	1718.85	61582.66	36811.63
光学仪器、医疗仪器、照相机、计量器、钟表、乐器	360.98	271.95	9250.31	8572.28
武器弹药及配件	0.02	0.0	101.97	92.56
工业产品	253.69	168.51	10719.16	8750.48
美术工艺品、收藏品、文物品	11.93	2.86	295.97	342.15
总计	577433.09	466946.97	523666.74	379716.45

注：本数据来自蒙古国国家统计局、蒙古国海关公布的资料。

二、蒙古国对华贸易往来情况

自 20 世纪 80 年代中期，中国与蒙古国开展边境贸易以来，双边贸易额一直占中蒙两国贸易总额的一半以上。尤其中国的内蒙古自治区与蒙古国的贸易互补性比较突出，进口主要以煤炭、铜精粉、原油、铁矿砂、锌矿粉和畜产品等资源性产品为主，出口以建材、钢材、纺织品、日用百货、水果蔬菜等为主。中国已连续 12 年成为蒙古国最大贸易伙伴国和外资来源国。2015 年，蒙古国对华贸易总额为 52.578 亿美元，同比下降 22.7%，占蒙古国外贸总额的 62.1%。其中，出口 38.975 亿美元，同比下降 23.1%，占其出口总额的 83.5%；进口 13.603 亿美元，同比下降 21.4%，占其进口总额的 35.8%。蒙古国对华贸易实现顺差 25.372 亿美元。蒙古国对华贸易额占其亚洲地区贸易额的 85.3%，是对俄贸易额的 4.8 倍。

表 6 - 10　2015 年蒙古国肉类及主要畜产品出口情况表

产品名称	2015 年		主要出口国	
	出口量	货值（万美元）	出口量	货值（万美元）
冻牛肉	847.65 吨	262.19	俄罗斯 840 吨	259.81
羊肉	39 吨	11.70	哈萨克 35 吨	10.5
马肉	3856.89 吨	731.85	中国 2224 吨	387.17
羊肠衣	424.9 吨	885.15	德国 180.9 吨	350.93
马鬃	665.28 吨	192.83	中国 665.28 吨	192.83
马尾	309 吨	94.04	中国 309 吨	94.04
牛马生皮	117850 张	179.94	中国 117850 张	179.94
牛鲜湿皮	111650 张	172.50	中国 111650 张	172.50
马鲜湿皮	6200 张	7.44	中国 6200 张	7.44
牛马皮革	69.549 万平方米	828.46	中国 37.426 平方米	437.75
绵羊羔皮革	147.75 万平方米	1227.43	中国 135.793 平方米	1165.16
山羊羔皮革	122.269 万平方米	1025.68	中国 62.305 平方米	567.82
家畜动物鬃毛	7047.7 吨	21292	中国 7025.61 吨	21284
洗净驼毛	484.9 吨	160	中国 462 吨	152.15
羊毛	11450.3 吨	1394.55	中国 10261 吨	1227
山羊原绒	4988.2 吨	19718	中国 4988 吨	19718
山羊无毛绒	558.91 吨	40711.2	中国 30.142 吨	206.03
马	8923 匹	298.68	—	—
牛	97 头	2.19	—	—

注：本数据来自蒙古国海关公布的资料。

从表 6 - 10 中看出，截至 2015 年末，蒙古国牲畜存栏头数达 5597.98 万头（只），创历史新高。根据蒙古国政府制订的肉类出口计划，2015 年冬和 2016 年春计划出口 12.5 万吨肉类，以增加贸易出口额 10 亿美元。从牲畜存栏数量来看，蒙古国可以完成 12.5 万吨肉类出口计划任务。但 2015 年蒙古国出口肉类只有 4743 吨，占肉类出口计划的 3.8%。其中，出口马肉约 3857 吨、牛肉约 848 吨、羊肉 39 吨。表 6 - 10 中还可以看出，山羊无毛绒、山羊原绒、羊毛、洗净驼毛、家畜动物鬃毛、山羊羔皮革、绵羊羔皮革、牛马皮革、牛鲜湿皮、马鲜湿皮、马肉等畜产品的主要出口国均为中国。在蒙古国出口的 19 种畜产品中，主要出口到中国的有 14 种，占比 73.7%，可见中国是蒙古国最大的畜产品出口目的地。从外贸结构来看，近年来蒙古国对华出口产品中矿产品依然占有较高的份额，一直在 80% ~90% 浮动。2015 年，蒙古国对华出口畜产品的总量为 7025.61 万吨，总货币值为 2.128 亿美元，占对华贸易总额的 5.5%，畜产品对华出口的份额较少。

表 6 - 11　2015 年蒙古国对华贸易出口情况表　　单位：亿美元

出口产品	计量单位	出口量	货值
铁矿石	万吨	453.14	2.069
铜矿粉	万吨	146.733	22.581
煤炭	万吨	1396.580	5.323
原油	万桶	813.52	3.872
畜产品	万吨	7025.61	2.128
其他产品	—	—	3.002
对华出口总额	38.975 亿美元		

注：本数据来自蒙古国海关公布的资料。

三、内蒙古自治区对蒙古国的投资现状

内蒙古自治区与蒙古国的经济合作始于 1989 年。在投资方面，截至 2006 年，内蒙古自治区在蒙古国投资兴办企业 27 家，投资总额 1.82 亿美元。内蒙古自治区协议投资总额 1.58 亿美元，约占全区对外直接投资的 55%。同期，在对外承包工程、劳务合作方面，对蒙古国累计签订劳务合同总额为 5.5 亿美元，完成营业额 1 亿美元，外派劳务 1 万人次。投资领域主要涉及矿产资源开采、建筑

装潢、毛绒加工、交通运输、水泥制品、农业种植、养殖加工等。

"十一五"期间，内蒙古自治区在蒙古国、俄罗斯投资设立企业66家，中方协议投资额5.2亿美元，对俄蒙承包劳务完成营业额1.9亿美元，外派劳务2.5万人次，分别占全区完成营业额、外派劳务人员总量的61%和90%。2011年内蒙古自治区在蒙古国、俄罗斯新设立企业机构19家，中方协议投资额约为6.64亿元，这比"十一五"期间的总额还多1.46亿美元。2012年蒙古国出台限制外资法律以后，内蒙古自治区对蒙古国投资亦呈下降态势，2013年底的新投资法开始实施以来，现已呈现增长势头。

2014年内蒙古自治区对蒙古国外贸首次突破250亿元大关，全年进出口额达251.79亿元，同比增长28.45%，占内蒙古自治区外贸总值的28.2%，占我国对蒙古国贸易的56.1%，比2013年提高了3.1%。其中出口额56.94亿元，同比下降19.79%，进口额194.85亿元，增长55.86%。全区备案对蒙古国投资项目19个，中方协议投资额3.5亿美元，同比增长4倍多，占全区对外协议投资额的31%。截至2014年底，内蒙古自治区在蒙古国投资设立企业113家，投资领域涉及矿产开发、基础设施建设、种养殖、贸易餐饮服务、建筑工程及建材生产等，其中，60%以上的投资资本集中在地质和矿山领域。此外，近年蒙古国房地产开发成为新的增长点。

2014年8月，内蒙古自治区人民政府正式印发实施《内蒙古自治区深化与蒙古国全面合作规划纲要》（内政发〔2014〕95号）（以下简称《规划纲要》），《规划纲要》提出要充分发挥内蒙古自治区向北开放的地缘优势、人文优势和产业等优势，重点在促进基础设施互联互通、提升经贸合作层次、深化产业领域合作、推进合作平台建设、深化人文合作交流和创新合作机制等方面加强与蒙古国开放合作，这为内蒙古自治区和蒙古国对外贸易的发展提供了政治保障。此外，内蒙古自治区和蒙古国有着漫长的边境线，草原畜牧业都是传统特色产业，民族文化也有许多相同之处，为中蒙贸易向纵深发展提供了切实保障。近年来，内蒙古自治区和蒙古国的经贸往来进入了新的发展时期，从贸易方式来看，保税监管场所进出境货物增长较快，所占比重最大；边境小额贸易出现下降趋势；一般贸易对蒙古国进出口出现大幅增长。从企业性质来看，民营企业是对蒙贸易的主力军，进出口值235.93亿元，增长29.52%，成为拉动内蒙古自治区对蒙古国贸易增长的重要"引擎"；国有企业对蒙古国进出口值11.72亿元，下降8.69%；外商投资企业贸易值 4.14 亿元，增长 3.04 倍，增势强劲。从进出口商品结构来看，对蒙古国进口主要商品为资源性矿产品，出口多为钢材、水泥以及传统劳动密集型商品为主。全年内蒙古自治区对蒙古国进口超过亿元的商品共有 4 类，分别为铜矿砂、煤炭、铁矿砂、原油，占进口总值的 84.1%。同期，内蒙古自治区对蒙古国出口超过亿元的商品主要有 6 大类，分别为服装类商品、钢材、电力、水泥、成品油、货车，其中，服装、水泥、成品油、纺织品下降幅度较大。

2015 年伊始，两地投资贸易有进一步快速增长的趋势。6 月初在蒙古国首都乌兰巴托举办的 2015 年内蒙古自治区和蒙古国投资贸易洽谈会上，企业签订贸易投资合作协议 19 项，协议金额达 4.17 亿美元。签署协议涉及了航空运输、矿业投资、公路建设、蓄能电站、畜牧业养殖和农业种植等广泛领域。

四、总结

通过对蒙古国的对外贸易现状、对外流通现状的分析以及蒙古国主要出口的畜产品种类以及主要出口国，可以看出，在蒙古国的对外贸易伙伴中，中国是最大的贸易伙伴国，截至目前，中国已经连续 12 年保持蒙古国第一大投资来源国地位，中蒙贸易往来是草原丝绸之路、"一带一路"倡议实施过程中的重要内容。内蒙古自治区作为我国与蒙古国交流合作的桥头堡，在对接"一带一路""向北开放"战略区位优势得天独厚，全区共有 9 个边境口岸承担着中蒙贸易 95% 的进出口份额。2012 年 3 月和 2014 年 6 月，国务院先后批准满洲里市、二连浩特市为国家级重点开发开放实验区，并明确二连浩特市为"丝绸之路经济带"的重要节点。"一带一路"倡议带领内蒙古自治区深化中蒙经贸合作驶入快速发展的时期，内蒙古自治区要在提高贸易便利化水平、支持新型业态发展、支持园区经济和重点行业发展、优化贸易环境方面采取切实可行的措施，推进矿产资源开发、基础设施建设和金融领域"三位一体"合作，进一步提升经贸合作层次，提高产业合作水平。中蒙两国应扩大在农产品贸易、农业投资和农业技术合作等领域的合作，既有利于中国充分利用蒙古国农业资源，又有利于中国剩余劳动力和农机设备向蒙古国转移。内蒙古自治区和蒙古国在畜牧饲养领域应展开全方位的合作，拓展畜产品的市场需求空间，提升畜产品的国际竞争力，把内蒙古自治区建设成外向型绿色农畜产品生产加工输出基地。

第七章

消费者畜产品消费行为

2014 年 9 月以来，在"一带一路"倡议、"中蒙俄经济走廊"及"草原丝绸之路"建设背景下，中蒙贸易往来和战略合作凸显重要，尤其是具有地缘优势和人文优势的内蒙古自治区与蒙古国的往来更为频繁，其发展对整个东北亚地区的经济繁荣都有不容小觑的作用。畜牧业在蒙古国国民生产中有着十分重要的地位，截至 2015 年，蒙古国的农业产值占其 GDP 比重为 27%，其中农业产值的80% 来自畜牧业，畜牧业出口收入占全部出口收入的 10%。而畜牧业也是内蒙古自治区的传统产业，也是其国民经济的基础，截至 2015 年，农业产值占 GDP 比例的 16%，其中农业产值的 50% 来自于畜牧业。由此可见，畜牧业在蒙古国和内蒙古自治区具有突出的地位。综述国内外研究发现：国内外相关学者主要从蒙古国与内蒙古自治区贸易往来的必要性、蒙古国与内蒙古自治区畜牧业合作现状角度来研究。

第一，从贸易往来的必要性角度，苏乐（2014）分析了口岸对蒙古国的贸易现状及发展中蒙跨境经济合作的优势等内容，并提出"点—线—面"的发展思路，以促进口岸的可持续发展；李鹤（2013）对中蒙两国商品的差异性、互补性及潜力性的分析得出，中蒙贸易未来的主要方向为巩固现有具有互补性商品的贸易等结论，并特别强调以内蒙古自治区作为中蒙贸易的重要平台，发展对蒙贸易有着便利的条件及重大意义，能够加快地区经济健康、协调发展；赛奇（2013）、孙瑾瑾（2015）提出了在"中蒙俄经济走廊"建设背景下，中蒙两国贸易合作发展具有广阔前景，大力发展中蒙双边贸易具有极其重要的意义；赵鹏迪

（2013）提出，内蒙古自治区依托与蒙俄地缘优势，为中蒙俄贸易拉动内蒙古的经济增长，提出建立内蒙古自治区沿边经济带的思路。

　　第二，从蒙古国与内蒙古自治区畜牧业合作现状角度出发，宝音都仍、伊达木（2015）重点研究了蒙古国山羊绒、羊毛生产、蒙古国与内蒙古自治区边境贸易的商品、规模、速度及发展特点，分析表明蒙古国具有巨大的畜产品市场潜力可提供内蒙古自治区乃至庞大的优质畜产品的消费市场。与此同时，内蒙古有畜产品加工产业、初级畜产品和要素市场需求。这将进一步推进中蒙两国在畜产品如山羊绒、羊毛、牛羊肉等方面的贸易。侯向阳、魏琦（2015）分析了加强中蒙草原科技合作的重要意义，特别提出推进中蒙草原畜牧业发展的对策。

　　但是，对于新形势下蒙古国和内蒙古自治区具有相同特色的畜产品发展研究较少，而对其消费行为研究甚少，尤其在《内蒙古"十三五"发展规划纲要》及《内蒙古自治区深化与蒙古国全面合作规划纲要》实施以来，对蒙古国畜产品消费行为进行研究显得尤为重要。蒙古国的畜产品资源丰富，但是存在深加工技术创新薄弱，安全意识不强、营销理念不深入等问题，因此，对蒙古国畜产品消费行为的研究具有一定的现实价值。2016年4月，中蒙互市贸易区项目获内蒙古自治区批复，将进一步推动对蒙贸易的发展，尤其是畜产品双边贸易将有更广泛的深入合作，此举对民族地区经济社会和谐发展具有重要的战略意义；2013年10月国家"一带一路"倡议强调，相关各国要打造互利共赢的"利益共同体"和共同发展繁荣的"命运共同体"。本章通过对蒙古国的消费者进行实地调研并收集数据，分析蒙古国消费者的畜产品消费意愿，建立二元Logistic模型，探讨蒙古国消费者购买畜产品意愿的影响因素，并提出相关政策启示，为蒙古国出口畜产品及畜产品消费提供借鉴，对内蒙古自治区参与"丝绸之路经济带"建设起到促进作用。

第一节　内蒙古自治区消费者畜产品消费意愿的影响因素

一、资料与方法

1. 数据来源与样本分布

该数据是通过分层抽样调查得到，分层抽样的过程是：首先，按照内蒙古自治区的区域图对其 12 个盟市划分为三个部分：东部（呼伦贝尔市、兴安盟、通辽市、赤峰市）、中部（锡林郭勒盟、乌兰察布市、呼和浩特市、包头市）和西部（鄂尔多斯市、巴彦淖尔市、乌海市、阿拉善盟）；其次，按照《中国农业统计年鉴》中内蒙古自治区农业产出值排名靠前的城市并分别归属于不同的部区，对呼和浩特市、赤峰市、巴彦淖尔市的 15 个村的 380 户消费者进行了调查，以实地调查、当场回收的方式获取数据。共发放调查问卷 380 份，获取有效问卷335 份，问卷有效率达 88%。

2. 变量选取与模型构建

结合文献综述及实际调研需要，选取了个人特征、安全特征及营销特征作解释变量，每个变量根据需要选取了若干个可观测变量作为具体描述变量，把消费者购买畜产品的意愿作为被解释变量，具体见表 7 - 1。

表 7 - 1　变量定义及说明

变量类型	变量名称	变量解释	预期方向
因变量	消费者是否愿意购买畜产品（Y）	愿意 = 1，不愿意 = 0	+ / -

续表

变量类型	变量名称	变量解释	预期方向
自变量	文化程度（x_1）	上学年限	+
个体特征	户主年龄（x_2）	户主的年龄	+
	家庭人口（x_3）	每户常年居住在一起生活的人口数量	+
	每月家庭收入（x_4）	家庭品均每月总收入（元）	+
	家距大型商超的距离（x_{16}）	居住地距离大型超市的距离（公里）	+
安全特征	对市场上畜产品价格的评价（x_5）	非常高 =1，比较高 =2，一般 =3，比较低 =4，非常低 =5	+
	产品质量和安全程度对您购买畜产品有很大影响（x_6）	完全同意 =1，基本同意 =2，一般 =3，不同意 =4，无所谓 =5	+
	是否关注畜产品的兽药物残留、添加瘦肉精等问题（x_7）	根本不关注 =1，不太关注 =2，无所谓 =3，比较关注 =4，非常关注 =5	+
	购买畜产品的频次（x_8）	消费者每月购买畜产品的次数	
营销特征	畜产品的包装对您购买决策的影响程度（x_9）	非常大 =1，较大 =2，一般 =3，较小 =4，非常小 =5	+
	畜产品的促销活动对您购买决策的影响程度（x_{10}）	非常大 =1，较大 =2，一般 =3，较小 =4，非常小 =5	−
	畜产品的价格对您购买决策的影响程度（x_{11}）	非常大 =1，较大 =2，一般 =3，较小 =4，非常小 =5	−
	畜产品的品牌对您购买决策的影响程度（x_{12}）	非常大 =1，较大 =2，一般 =3，较小 =4，非常小 =5	+
	畜产品的质量对您购买决策的影响程度（x_{13}）	非常大 =1，较大 =2，一般 =3，较小 =4，非常小 =5	+
	畜产品购买地点的便利对您购买决策的影响程度（x_{14}）	非常大 =1，较大 =2，一般 =3，较小 =4，非常小 =5	−
	畜产品的产地对您购买决策的影响程度（x_{15}）	非常大 =1，较大 =2，一般 =3，较小 =4，非常小 =5	+

　　研究消费者购买畜产品的意愿，结果就是两种情况，即愿意购买或者不愿意购买。这一因变量是离散选择变量，因此，分析这一问题需要采用概率模型（包括 Logistic 模型、Probit 模型）。通过选择二元 Logistic 回归分析模型，研究消费者购买畜产品意愿的影响因素及影响程度。建立如下计量经济学模型：

$$y_i = f(x_i) + \mu_i \tag{7-1}$$

式中，μ_i 为随机变量，y_i 为消费者购买畜产品的意愿，y_i 取值为 1 时表示消费者愿意购买畜产品，取值为 0 时表示消费者不愿意购买畜产品，x_i 为对消费者是否愿意购买畜产品产生影响的解释变量，各变量编号用 i 表示（i = 1，2，3，…，12）。

Logistic 模型采用的是逻辑概率分布函数，其形式如下：

$$P_i = F\ (Z_i)\ = F\ (\alpha + \beta x_i) = \frac{1}{1 + e^{-z_i}} = \frac{1}{1 + e^{-(\alpha + \beta x_i)}} \tag{7-2}$$

式中，P_i 为消费者愿意购买畜产品的概率，即：

$$Z_i = \ln\frac{p_i}{1 - p_i}\quad Z_i \in\ (-\infty,\ +\infty) \tag{7-3}$$

由式（7-1）、式（7-2）、式（7-3）可得：

$$\text{Logit}(P_i) = \ln\frac{p_i}{1 - p_i} = \alpha + \beta x_i \tag{7-4}$$

式中，β 为待估计参数。

由于本项目选取的变量为二分变量，不能采用最小二乘估计（OLS），应采用最大似然法（Maxi - mum Likelihood）进行回归参数估计。

二、结果与分析

1. 调查样本分析

被调查者中知道、了解并愿意购买畜产品的人数为 201 人，所占比例为 53%；调查的年龄结构偏大，40 岁以上的人员比例为 71.19%。受教育程度大都是大专以上学历，占样本比例的 64.28%。

家庭人口数多为三口或者四口，分别占比 74.58% 和 17.56%。离中心城市距离在 1 公里及以下的比例达到 54.83%，2 ~ 3 公里包括 2 公里和 3 公里在内的占 40.67%，可见大部分被调查人口居住在距离超市较近的地方。

认为畜产品的包装对其购买决策的影响程度为一般的比例达到 57.63%；认为畜产品的促销活动对其购买决策的影响程度较大的达到 44.07%，而一般以上达到96.62%；在畜产品的销售价格对其购买决策的影响程度为较大及以上的占到64.4%，并且被调查人员中无人认为销售价格对其购买决策的影响程度为非常小。

表7-2 样本变量描述性统计

变量名称 统计量		年龄	受教育程度	家庭结构	家庭农业收入	新技术应用情况	是否参加技术培训	离中心城市距离	销路	品牌	产品附加值状况	谈判能力
N	有效	304	304	304	304	304	304	304	304	304	304	304
	遗漏	0	0	0	0	0	0	0	0	0	0	0
平均数		54.50	6.59	0.49	183477.68	1.61	0.14	38.86	2.76	2.54	7.57	7.01
标准误差		0.54	0.19	0.01	7011.78	0.04	0.02	1.27	0.09	0.08	0.07	0.09
标准偏差		9.46	7.28	0.24	122254.61	0.65	0.40	22.14	1.52	1.43	1.14	1.50
最小值		30.00	0.00	0.00	30000.00	0.00	0.00	7.00	1.00	1.00	1.00	1.00
最大值		78.00	15.00	1.00	780000.00	2.00	2.00	96.00	5.00	5.00	5.00	5.00

在畜产品的品牌对其购买决策的影响程度中认为较大及以上的占81.35%；在畜产品的质量对其购买决策的影响程度中认为较大及以上的占到93.22%；在畜产品购买地点的便利对其购买决策的影响程度中认为较大和一般的分别占45.76%、40.68%；在畜产品的产地对其购买决策的影响程度中认为较大及以上的占72.88%，可见产品促销活动、价格、购买地、产地都是影响消费者购买决策的重要因素，也是影响消费者是否愿意加入到消费者专业合作组织的主要因素之一。

如表7-3所示，被调查者的年龄结构包括20岁以下、20~30岁、30~40岁、40岁以上四个阶段，各年龄段的被调查者占比分别为1.69%、10.17%、18.64%、71.19%。在被调查者中，年龄在40岁以上的人数较多，20岁以下的最少。

如图7-1所示，被调查者的教育程度大致分为初中、高中、中专、大专及以上四个阶段，从图中可以看出，各阶段的被调查者占比分别为1.69%、

27.26%、6.77%、64.28%。在被调查者中，受教育程度在大专及以上的人数较多，受教育程度为初中的最少。

表7-3　户主年龄分布情况

变量名称	选项	占比（%）
户主年龄	20 岁以下	1.69
	20~30 岁	10.17
	30~40 岁	18.64
	40 岁以上	71.19

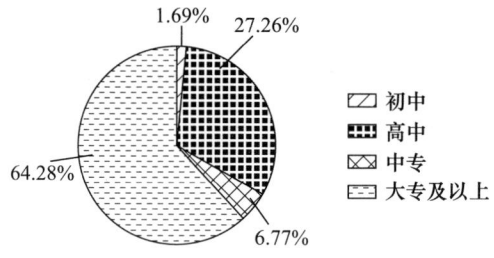

图7-1　受教育程度分布情况

如表7-4所示，被调查者的家庭人口数大致有如下五类，家庭人口数为1人的占比为7.39%；2人的为7.39%；3人的为74.58%；4人的为17.56%；5人的为5.08%，家庭人口数为3人的所占比重最大。

表7-4　家庭人数分布情况

变量名称	选项	占比（%）
家庭人数	1 人	7.39
	2 人	7.39
	3 人	74.58
	4 人	17.56
	5 人	5.08

被调查者的家庭收入大致有如下六个档次：2000 元以下的占比为 5.08%；2001 ~ 4000 元的占比为 10.17%；4001 ~ 6000 元的占比为 22.04%；6001 ~ 8000 元的占比为 16.95%；8001 ~ 10000 元的占比为 27.12%；10000 元以上的占比为 18.64%。在被调查者中，家庭收入在 8001 ~ 10000 元的比重最大，家庭收入在 2000 元以下的最少。

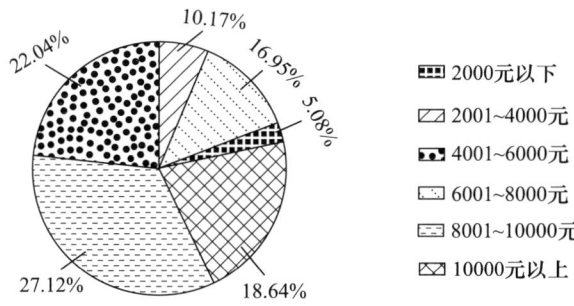

图 7 - 2　家庭收入分布情况

被调查者的家庭距大型商超的距离大致有如下五个档次：1 公里以下的占比为 17.55%；1 公里的占比为 37.28%；2 公里的占比为 30.5%；3 公里的占比为 10.17%；3 公里以上的占比为 8.47%。在被调查者中，家距大型商超的距离为 1 公里的最多，3 公里以上的最少。

表 7 - 5　家距大型商超的距离

变量名称	选项	占比（%）
家距大型商超的距离	1 公里以下	17.55
	1 公里	37.28
	2 公里	30.5
	3 公里	10.17
	3 公里以上	8.47

被调查者对市场上畜产品价格的评价大致有如下五类：评价非常高的占比为 28.64%；评价比较高的占比为 4.95%；评价一般的占比为 30.51%；评价比较

低的占比为 1.69% ；评价非常低的占比为 0。在被调查者中，对市场上畜产品价格的评价一般的最多，评价非常低的为 0。

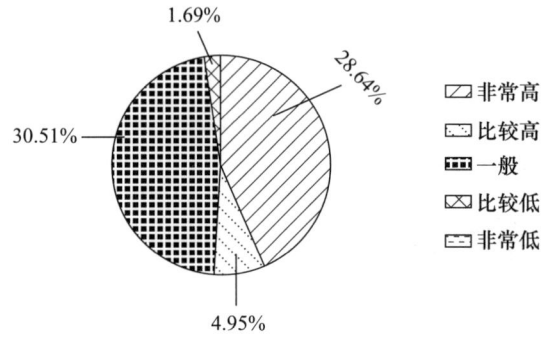

1.69%
28.64%
30.51%
4.95%

非常高
比较高
一般
比较低
非常低

图 7 - 3　对畜产品价格的评价

在被调查者中，对畜产品的兽药物残留、添加瘦肉精等问题关注程度大致有如下五个层次：根本不关注的占比为 0；不太关注的占比为 10.17% ；无所谓的占比为 0；比较关注的占比为 59.32% ；非常关注的占比为 30.51% 。在被调查者中，对畜产品的兽药物残留、添加瘦肉精等问题比较关注的人数居多。

表 7 - 6　对畜产品的兽药物残留、添加瘦肉精等问题的态度

变量名称	选项	占比（%）
是否关注畜产品的兽药物残留、添加瘦肉精等问题	根本不关注	0
	不太关注	10.17
	无所谓	0
	比较关注	59.32
	非常关注	30.51

畜产品的包装对消费者购买决策的影响程度大致有如下五个层次：影响非常大的占比为 10.17% ；影响较大的占比为 20.34% ；影响一般的占比为 57.63% ；影响较小的占比为 8.47% ；影响非常小的占比为 7.39% 。畜产品的包装对消费

者购买决策的影响程度为一般的最多。

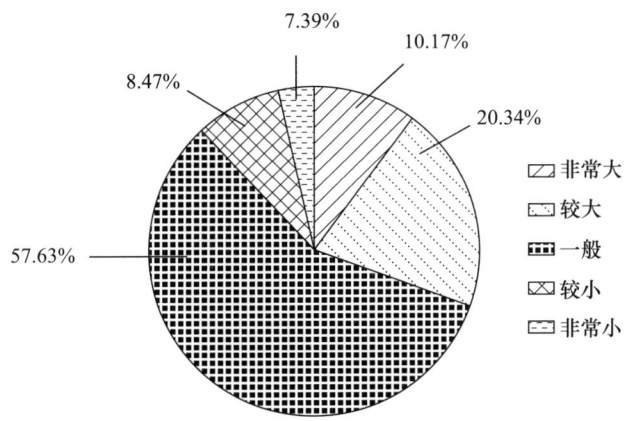

图 7 - 4　畜产品包装对消费者购买决策的影响程度

畜产品的促销活动对消费者购买决策的影响程度大致有如下五个层次：影响非常大的占比为 8.48%；影响较大的占比为 44.07%；影响一般的占比为 44.07%；影响较小的占比为 7.39%；影响非常小的占比为 0。畜产品的促销活动对消费者购买决策的影响程度相对比较大。

表 7 - 7　畜产品的促销活动对消费者购买决策的影响程度

变量名称	选项	占比（%）
	非常大	8.48
	较大	44.07
畜产品的促销活动对消费者购买决策的影响程度	一般	44.07
	较小	7.39
	非常小	0

畜产品的价格对消费者购买决策的影响程度大致有如下五个层次：影响非常大的占比为 18.64%；影响较大的占比为 45.76%；影响一般的占比为 32.2%；影响较小的占比为 7.39%；影响非常小的占比为 0。畜产品的价格对消费者购买

决策的影响程度相对较大。

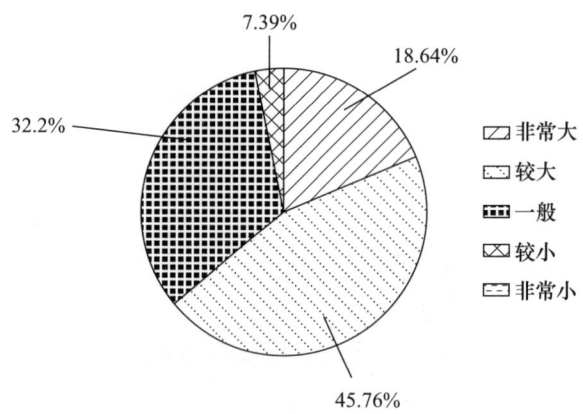

图 7 - 5　畜产品价格对消费者购买决策的影响程度

畜产品的品牌对消费者购买决策的影响程度大致有如下五个层次：影响非常大的占比为 22.03%；影响较大的占比为 59.32%；影响一般的占比为 17.56%；影响较小的占比为 0；影响非常小的占比为 0。畜产品的品牌对消费者购买决策的影响程度相对较大。

表 7 - 8　畜产品品牌对消费者购买决策的影响程度

变量名称	选项	占比（%）
畜产品的品牌对消费者购买决策的影响程度	非常大	22.03
	较大	59.32
	一般	17.56
	较小	0
	非常小	0

畜产品的质量对消费者购买决策的影响程度大致有如下五个层次：影响非常大的占比为 52.54%；影响较大的占比为 40.68%；影响一般的占比为 6.78%；影响较小的占比为 0；影响非常小的占比为 0。畜产品的质量对消费者购买决策的影响程度非常大。

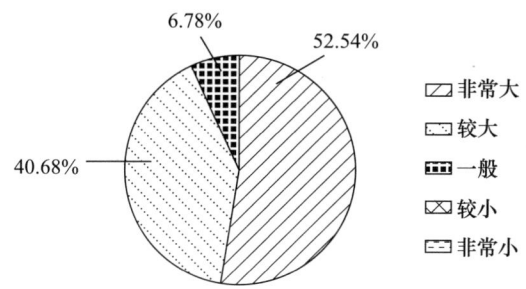

图 7 - 6　畜产品质量对消费者购买决策的影响程度

畜产品购买地点的便利对消费者购买决策的影响程度大致有如下五个层次：影响非常大的占比为 8.47%；影响较大的占比为 45.76%；影响一般的占比为 40.68%；影响较小的占比为 5.08%；影响非常小的占比为 0。畜产品购买地点的便利对消费者购买决策的影响程度相对较大。

表 7 - 9　畜产品购买地点的便利对消费者购买决策的影响程度

变量名称	选项	占比（%）
畜产品购买地点的便利 对消费者购买决策的影响程度	非常大	8.47
	较大	45.76
	一般	40.68
	较小	5.08
	非常小	0

畜产品的产地对消费者购买决策的影响程度大致有如下五个层次：影响非常大的占比为 18.64%；影响较大的占比为 54.24%；影响一般的占比为 27.73%；影响较小的占比为 7.39%；影响非常小的占比为 0。畜产品产地对消费者购买决策的影响程度相对较大。

在被调查者中，购买畜产品的频次大致有如下六个层次：每天都买的占比为 5.08%；两三天买一次的占比为 11.86%；四五天买一次的占比为 18.64%；一周买一次的占比为 16.95%；一周以上买一次的占比为 16.95%；基本不购买的占比为 5.09%。被调查者中，畜产品的购买频次为四五天一次的相对较多。

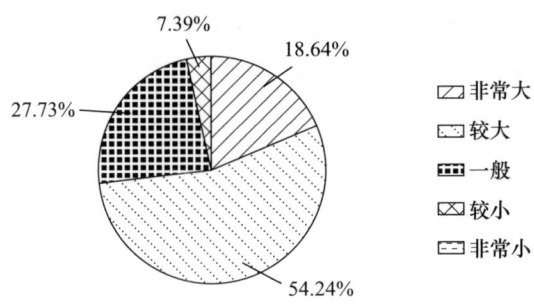

图 7 - 7　畜产品产地对消费者购买决策的影响程度

在被调查者中，对于产品质量和安全程度对消费者购买畜产品有很大影响的说法，67.8% 的消费者持完全同意的态度，28.81% 的消费者基本同意。

表 7 - 10　购买畜产品的频次分布情况

变量名称	选项	占比（%）
购买畜产品的频次	每天都买	5.08
	两三天买一次	11.86
	四五天买一次	18.64
	一周买一次	16.95
	一周以上买一次	16.95
	基本不购买	5.09

表 7 - 11　产品质量和安全程度对消费者购买畜产品有很大影响的态度

变量名称	选项	占比（%）
产品质量和安全程度对消费者购买畜产品有很大影响	完全同意	67.8
	基本同意	28.81
	一般	7.39
	不同意	0
	无所谓	0

2. 模型回归检验

在回归之前，本书首先对模型可能存在的多重共线性问题进行了检验。检验结果显示，各变量的方差膨胀因子均满足设定条件，各变量之间不存在多重共线性问题。本书应用 Stata12.0 统计软件对模型进行回归，所得估计结果见表 7 – 12。

表 7 – 12　Logistic 模型回归结果

变量	系数	标准误差	Z 值	P > z	dy/dx
x_1	0. 7030198	0. 2624682	2. 68	0. 007 ***	0. 175052
x_2	0. 0204864	0. 0178672	1. 15	0. 252	0. 0051011
x_3	0. 7387038	0. 2260183	7. 27	0. 001 ***	0. 1839373
x_4	0. 0000186	0. 0000123	1. 51	0. 130	4. 63e – 06
x_5	0. 8920321	0. 2368965	7. 77	0. 000 ***	0. 2221161
x_6	0. 1215722	0. 2708719	0. 45	0. 654	0. 0302715
x_7	0. 5745699	0. 1988995	2. 89	0. 004 ***	0. 143068
x_8	0. 0433983	0. 116703	0. 37	0. 710	0. 0108062
x_9	0. 1163319	0. 156107	0. 75	0. 456	0. 0289667
x_{10}	– 0. 1255923	0. 2207969	– 0. 57	0. 569	– 0. 0312725
x_{11}	– 0. 7757419	0. 2675705	– 2. 90	0. 004 ***	– 0. 1931598
x_{12}	0. 1701041	0. 228951	0. 74	0. 457	0. 0423559
x_{13}	0. 0554929	0. 2548728	0. 22	0. 828	0. 0138177
x_{14}	– 0. 0690743	0. 2171126	– 0. 32	0. 750	– 0. 0171995
x_{15}	0. 3313433	0. 2184527	1. 52	0. 129	0. 0825045
x_{16}	0. 4944599	0. 1375586	7. 59	0. 000 ***	0. 1231206
Coef.	– 12. 00154	2. 925436	– 4. 10	0. 000	—
LR chi^2 （16） = 58. 35					
Prob > chi^2 = 0. 0000					
Pseudo R^2 = 0. 1117					

注：P 值中的 * 、 * * 、 * * * 分别表示 10% 、5% 、1% 的显著水平。

从表 7 – 12 可以看出，当原假设 $\beta_i = 0$，LR 统计量的值是 58.35，作用类似于线性回归模型中的 F 检验，P 值非常小，近似于零。因此，可以拒绝原假设，表明该模型系数整体显著。Pseudo R^2 统计量的值为 0.1117，表明该模型有较好的拟合效果，可以使用该模型。具体结果分析如下：

（1）文化程度对消费者购买畜产品意愿有显著影响，该变量在 10% 水平下显著为正，即文化程度每增加一单位，增加消费者购买畜产品意愿的概率为17.5%，这一结果表现与预期一致。消费者的文化程度越高，愿意购买畜产品的意愿就越强。因为消费者的文化程度高，这部分消费者对饮食健康的要求也高，他们更加注重营养均衡，也深知畜类产品对人类身体的重要性，因而，文化程度越高的消费者购买畜产品的意愿越强。

（2）家庭人口对消费者购买畜产品意愿有较为显著的影响，该变量在 5% 水平下显著为正，表明此变量越大，消费者购买畜产品的意愿越强；反之消费者愿意购买畜产品的概率越小。研究结果表示，家庭人口每增加一单位，消费者购买畜产品的意愿就增加 18.4% 的可能性，这一结果与预期相符。家庭人口增多对消费者购买畜产品意愿影响一方面表现在由于家庭人口增多，家庭对畜产品的需求量也增大，为了满足家庭所有成员的营养需求，消费者必然要增加畜产品的购买。另一方面，家庭人口增多，表明家庭的劳动力也会增加，家庭收入就会随之上升，家庭购买力增强，消费者有能力购买畜产品，购买畜产品的意愿也就随之增强。

（3）市场上对畜产品价格的评价对消费者购买畜产品的意愿有影响，该变量在 1% 水平下显著为正，即市场上对畜产品价格的评价每增加一单位，消费者购买畜产品意愿的概率增加值为 22.21%。市场上对畜产品价格的评价越高的消费者，说明他们对市场上畜产品的价格比较了解，同时对市场上畜产品的销售价格持认可态度。对于消费者来说，认为自己购买的产品物有所值，才会激发他们的购买欲望。所以，消费者对市场上畜产品价格的评价程度越高，说明这部分消费者认为购买畜产品所花的钱与购买到的畜产品的价格相当，因而，他们购买畜产品的意愿越强。

（4）是否关注畜产品的兽药物残留、添加瘦肉精等问题对消费者购买畜产品的意愿有显著影响，该变量在 1% 水平下显著为正，即消费者对畜产品的兽药物残留、添加瘦肉精等问题关注度越大，越愿意购买畜产品，反之亦成立。对于经常关注畜产品的兽药物残留、添加瘦肉精等问题的消费者来说，他们更加了解如何辨别畜产品中是否存在兽药物残留、添加瘦肉精等问题。因而在购买畜产品时他们对买到有兽药物残留、添加瘦肉精等问题的畜产品担心程度要比对畜产品兽药物残留、添加瘦肉精关注程度低的消费者更加低。所以，对畜产品的兽药物残留、添加瘦肉精等问题关注度高的消费者购买畜产品的意愿也就更强。

（5）畜产品价格对消费者购买决策的影响程度对消费者购买畜产品的意愿有影响，该变量在1%水平下显著为负，即畜产品的价格对消费者购买决策的影响程度越小，消费者越愿意购买畜产品，反之亦成立。样本分析结果表明：畜产品价格对消费者购买决策的影响程度每减少一单位，消费者购买畜产品意愿增加的概率为19.3%。因为畜产品的生产成本比较高，生产过程比较复杂，因而畜产品的零售价格也相对比较高。畜产品价格对消费者购买决策的影响程度越小的消费者，表明这部分消费者对价格高低的关心程度较低，他们更容易接受价格比较高的畜产品。

（6）消费者家距大型商超的距离对消费者购买畜产品的意愿有显著影响，该变量在1%水平下显著为正，即消费者家距大型商超的距离越近，越愿意购买畜产品，反之亦成立。分析结果表明：消费者家距大型商超的距离每增加一单位，消费者购买畜产品的概率为12.31%。这一结果与实际调研相一致。消费者家距大型商超的距离越近，消费者购买畜产品更加便利，减少了消费者的购买成本，消费者自然更加愿意购买。此外，从畜产品的新鲜程度来说，消费者家距大型商超的距离越近，越容易购买到新鲜的畜产品，消费者更加愿意少量多次购买，以保证购买到新鲜的畜产品。

三、结论与启示

以内蒙古自治区部分地区的消费者为研究对象，选取个体特征、技术特征和营销特征三个方面以及16个二级特征变量，得出以下结论：消费者是否愿意购买畜产品，跟三个方面的特征有关。在个人特征中，文化程度越高，消费者愿意购买畜产品的概率就越大；消费者家庭人口越多，愿意购买畜产品的概率就越高；消费者家距大型商超的距离越近，消费者愿意购买畜产品的概率就越高。在安全特征中，对市场上畜产品价格的评价越高，消费者购买畜产品的概率就越高；消费者对畜产品的兽药物残留、添加瘦肉精等问题关注程度越高，购买畜产品的概率越大。在营销特征中，畜产品的价格对消费者购买决策的影响程度越低，消费者购买畜产品的意愿越强。

本研究结论对于促进畜产品消费具有以下的政策启示：

首先，提高消费者的营养知识，尤其在西部地区，消费者总体受教育程度较低，对于这部分人群来说，购买畜产品主要是为了满足自己的饱腹欲望，对于畜产品的营养价值以及如何加工这些畜产品才能使它的营养价值发挥到最大并不关心，因此在畜产品消费过程中，消费者的文化素质不容忽视。消费者文化程度的高低，直接影响畜产品的发展方向，消费者把畜产品作为满足饱腹欲望的一种食品，那么畜产品只能是作为一类食品被消费者用来满足吃的欲望。但对于文化程度高的消费者来说，畜产品不仅仅是一种满足饱腹欲望的食品，其中的营养价值才是他们真正追求的，畜产品消费就可以上升到更高一个层次。

其次，政府要完善畜产品可追溯体系建设。要把重点畜产品纳入可追溯体系中，在畜产品的生产环节保障绿色无污染，杜绝兽药物残留、添加瘦肉精等问题的出现。在销售环节要提供真实可信的追溯信息，培育消费者的信任度。在质量认证环节，注重技术标准的统一性和规范性，强化生产链采集信息的连续性，提高消费者对安全畜产品的消费意愿。

最后，提供完善的食品安全信息服务。通过各种营销传播的途径，引导消费者增加安全食品的消费。提供更多关于食品安全方面的知识。在监察有问题厂商的同时也让广大消费者获得识别商品优劣的技能，在保障消费者利益的同时也有利于促进畜产品行业的健康发展。

第二节　蒙古国消费者畜产品消费意愿的影响因素

一、资料与方法

1. 数据来源与样本分布

本数据是通过分层抽样和随机抽样综合调查得到，分层抽样的过程如下：首先，按照蒙古国区域图将其划分为两部分，即蒙古国首都乌兰巴托市和巴彦洪格尔省、南戈壁省、库苏古尔省三个省作为分层抽样的省份选择，采取随机抽取消费者来进行调查。本次调查共发放 200 份问卷，收回 189 份问卷，问卷的有效率为 94.5%。

2. 变量选取与模型构建

结合文献综述及实际调研需要，选取个人特征、安全特征及营销特征作为解释变量，每个变量根据需要选取若干个可观测变量作为具体描述变量，把消费者购买畜产品的意愿作为被解释变量，具体见表 7 – 13。

表 7 – 13　变量定义及说明

变量类型	变量名称	变量解释	预期方向
因变量	消费者是否愿意购买畜产品（Y）	愿意 = 1，不愿意 = 0	
自变量	文化程度（x_1）	上学年限	–
个体特征	户主年龄（x_2）	户主的年龄	+
	家庭人口（x_3）	每户常年居住在一起生活的人口数量	–
	家距大型商超的距离（x_{15}）	居住地距离大型超市的距离（公里）	–
安全特征	对市场上畜产品价格的评价（x_4）	非常高 = 1，比较高 = 2，一般 = 3，比较低 = 4，非常低 = 5	–
	产品质量和安全程度对您购买畜产品有很大影响（x_5）	完全同意 = 1，基本同意 = 2，一般 = 3，不同意 = 4，无所谓 = 5	–
	是否关注畜产品的兽药物残留、添加瘦肉精等问题（x_6）	根本不关注 = 1，不太关注 = 2，无所谓 = 3，比较关注 = 4，非常关注 = 5	+
	购买畜产品的频次（x_7）	消费者每月购买畜产品的次数	–

变量类型	变量名称	变量解释	预期方向
营销特征	畜产品的包装对您购买决策的影响程度（x_8）	非常大 = 1，较大 = 2，一般 = 3，较小 = 4，非常小 = 5	+
	畜产品的促销活动对您购买决策的影响程度（x_9）	非常大 = 1，较大 = 2，一般 = 3，较小 = 4，非常小 = 5	−
	畜产品的价格对您购买决策的影响程度（x_{10}）	非常大 = 1，较大 = 2，一般 = 3，较小 = 4，非常小 = 5	+
	畜产品的品牌对您购买决策的影响程度（x_{11}）	非常大 = 1，较大 = 2，一般 = 3，较小 = 4，非常小 = 5	+
	畜产品的质量对您购买决策的影响程度（x_{12}）	非常大 = 1，较大 = 2，一般 = 3，较小 = 4，非常小 = 5	+
	畜产品购买地点的便利对您购买决策的影响程度（x_{13}）	非常大 = 1，较大 = 2，一般 = 3，较小 = 4，非常小 = 5	+
	畜产品的产地对您购买决策的影响程度（x_{14}）	非常大 = 1，较大 = 2，一般 = 3，较小 = 4，非常小 = 5	−

研究消费者购买畜产品的意愿，结果就是两种情况，即愿意购买或者不愿意购买。这一因变量是离散选择变量，因此，分析这一问题需要采用概率模型（包括 Logistic 模型、Probit 模型），本研究选择二元 Logistic 回归分析模型分析消费者购买畜产品意愿的影响因素及影响程度。建立如式（7 - 5）所示的计量经济学模型。

$$y_i = f(x_i) + \mu_i \tag{7 - 5}$$

式中，μ_i 为随机变量，y_i 为消费者购买畜产品的意愿，y_i 取值为 1 时表示消费者愿意购买畜产品，取值为 0 时表示消费者不愿意购买畜产品，x_i 为对消费者是否愿意购买畜产品产生影响的解释变量，各变量编号用 i 表示，（i = 1，2，3，…，12）

Logistic 模型采用的是逻辑概率分布函数，其形式为式（7 - 6）。

$$P_i = F(Z_i) = F(\alpha + \beta x_i) = \frac{1}{1 + e^{-z_i}} = \frac{1}{1 + e^{-(\alpha + \beta x_i)}} \tag{7 - 6}$$

式中，P_i 为消费者愿意购买畜产品的概率，即：

$$Z_i = \ln \frac{p_i}{1 - p_i} \quad Z_i \in (-\infty, +\infty) \tag{7-7}$$

由式 (7-5)、式 (7-6)、式 (7-7) 可得：

$$\text{Logit}(P_i) = \ln \frac{p_i}{1 - p_i} = \alpha + \beta x_i \tag{7-8}$$

式中，β 为待估计参数。

由于本研究选取的变量为二分变量，不能采用最小二乘估计（OLS），应采用最大似然法（Maxi-mum Likelihood）进行回归参数估计。

二、结果与分析

1. 调查样本分析

被调查者中知道、了解并愿意购买畜产品的人数为 125 人，所占比例为 49.8%；调查的年龄结构中，30~40 岁的人员比例为 57.85%。受教育程度大都是大专以上学历，占样本比例的 57.69%。家庭每月总收入中 100 万图克以下所占比例为 15.38%，100 万~200 万图克所占比例为 34.62%，200 万~300 万图克所占比例为 27.08%，300 万~400 万图克所占比例为 11.54%，400 万图克以上所占比例为 7.85%，符合中等地区的收入水平。

家庭人口数多为 3 人或者 5 人，分别占比为 61.54% 和 15.38%。离大型商超的距离在 1 公里以下的比例为 7.85%，1 公里的为 26.92%，2 公里的为 42.31%，3 公里的比例为 15.38%，可见大部分被调查人口居住在距离超市较近的地方。认为畜产品包装对其购买决策影响程度为较大的比例达到 20.34%；认为畜产品促销活动对其购买决策影响程度较大的达到 44.07%，而一般的也达到 44.07%；在畜产品的销售价格对其购买决策的影响程度中，认为一般的占到 50%；在畜产品的品牌对其购买决策的影响程度中认为一般的占到 57.69%；认为畜产品的质量对其购买决策的影响程度为一般的占到 65.38%；认为畜产品购买地点的便利对其购买决策的影响程度为一般的占到 57.85%；认为畜产品的产地对其购买决策的影响程度为一般的占到 69.23%，可见产品包装、质量都是影响消费者购买决策的重要因素，也是影响消费者是否愿意购买畜产品的主要因素之一。

表 7 – 14　样本变量描述性统计

变量名称 统计量		年龄	受教育程度	家庭结构	家庭农业收入	新技术应用情况	是否参加技术培训	离中心城市距离	销路	品牌	产品附加值状况	谈判能力
N	有效	304	304	304	304	304	304	304	304	304	304	304
	遗漏	0	0	0	0	0	0	0	0	0	0	0
平均数		54.50	6.59	0.49	183477.68	1.61	0.14	38.86	2.76	2.54	7.57	7.01
标准误差		0.54	0.19	0.01	7011.78	0.04	0.02	1.27	0.09	0.08	0.07	0.09
标准偏差		9.46	7.28	0.24	122254.61	0.65	0.40	22.14	1.52	1.43	1.14	1.50
最小值		30.00	0.00	0.00	30000.00	0.00	0.00	7.00	1.00	1.00	1.00	1.00
最大值		78.00	15.00	1.00	780000.00	2.00	2.00	96.00	5.00	5.00	5.00	5.00

被调查者的年龄结构包括 20～30 岁、30～40 岁、40～50 岁三个阶段，各年龄段的被调查者占比分别为 26.92%、57.85%、19.23%。从图 7 – 8 可以看出，被调查者中，年龄在 30～40 岁的人数最多。

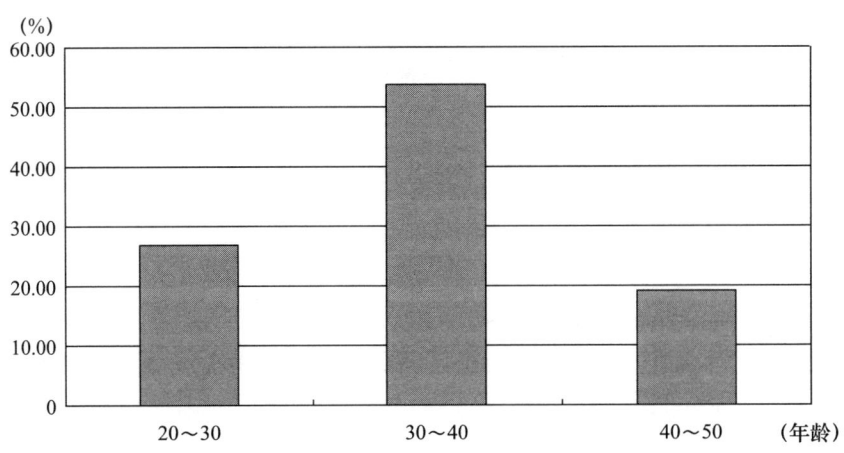

图 7 – 8　户主年龄特征值分布情况

被调查者的教育程度大致分为小学、高中、中专、大专及以上四个阶段，从表 7 – 15 可以看出，各阶段的被调查者占比分别为 7.85%、11.54%、19.23%、

57.69%。在被调查者中，受教育程度在大专及以上的人数最多，受教育程度为小学的最少。

表 7 - 15　受教育程度分布情况

变量名称	选项	占比（%）
受教育程度	小学	7.85
	高中	11.54
	中专	19.23
	大专及以上	57.69

被调查者的家庭人口数大致有如下五类，从图 7 - 9 可以看出，家庭人口数为 2 人的占比为 7.69%；3 人的为 61.54%；4 人的为 11.54%；5 人的有 15.38%；6 人的有 7.85%。从图 7 - 9 看出在被调查者中，家庭人口数为 3 人的所占比重最大，6 人的最少。

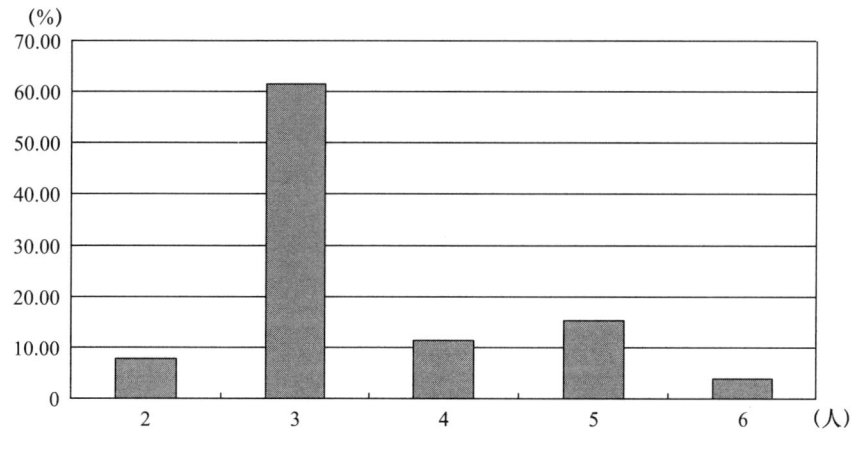

图 7 - 9　家庭人数分布情况

被调查者的家庭收入大致有如下五个档次：100 万图克以下的占比为 15.38%；100 万～200 万图克的占比为 34.62%；200 万～300 万图克的占比为 27.08%；300 万～400 万图克的占比为 11.54%；400 万图克以上的占比为

7.85%。从图7-10看出在被调查者中，家庭收入在100万~200万图克的比重最大，家庭收入在400万图克以上的最少。

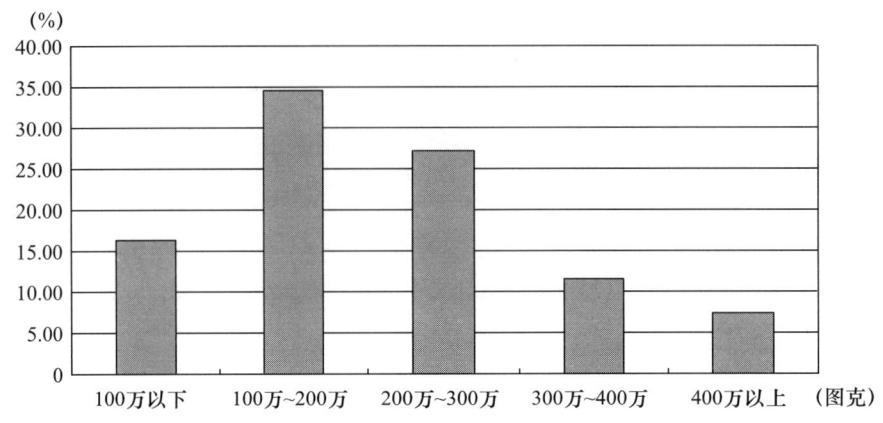

图7-10　家庭收入分布情况

被调查者的家庭距大型商超的距离大致有如下四个档次：1公里以下的占比为7.85%；1公里的占比为26.92%；2公里的占比为42.31%；3公里的占比为15.38%。从表7-16可以看出，在被调查者中，家距大型商超的距离为2公里的最多，1公里以下的最少。

表7-16　家距大型商超的距离分布情况

变量名称	选项	占比（%）
家距大型商超的距离	1公里以下	7.85
	1公里	26.92
	2公里	42.31
	3公里	15.38

被调查者对市场上畜产品价格的评价大致有如下五类：评价非常高的占比为27.08%；评价比较高的占比为57.85%；评价一般的占比为19.23%；评价比较低的占比为7.85%；评价非常低的占比为0。从图7-11可以看出，在被调查者中，对市场上畜产品价格的评价比较高的最多，评价非常低的为0。

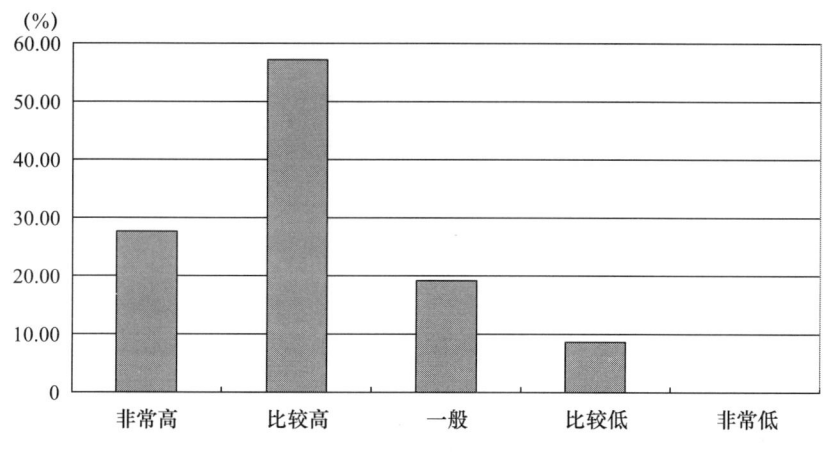

图 7 – 11 对畜产品价格的评价

被调查者中对畜产品的兽药物残留、添加瘦肉精等问题关注程度大致有如下五个层次：根本不关注的占 7.69%；不太关注的占 50%；无所谓的占 26.92%；比较关注的占 15.38%；非常关注的占 0。从表 7 – 17 可以看出，在被调查者中，对畜产品的兽药物残留、添加瘦肉精等问题不太关注的人数居多，非常关注的则为 0。

表 7 – 17 是否关注畜产品的兽药物残留、添加瘦肉精等问题分布情况

变量名称	选项	占比（%）
是否关注畜产品的兽药物残留、添加瘦肉精等问题	根本不关注	7.69
	不太关注	50
	无所谓	26.92
	比较关注	15.38
	非常关注	0

如图 7 – 12 所示，畜产品的包装对消费者购买决策的影响程度大致有如下五个层次：影响非常大的占比为 10.17%；影响较大的占比为 20.34%；影响一般的占比为 57.63%；影响较小的占比为 8.47%；影响非常小的占比为 7.39%。畜产品的包装对消费者购买决策的影响程度为一般的最多。

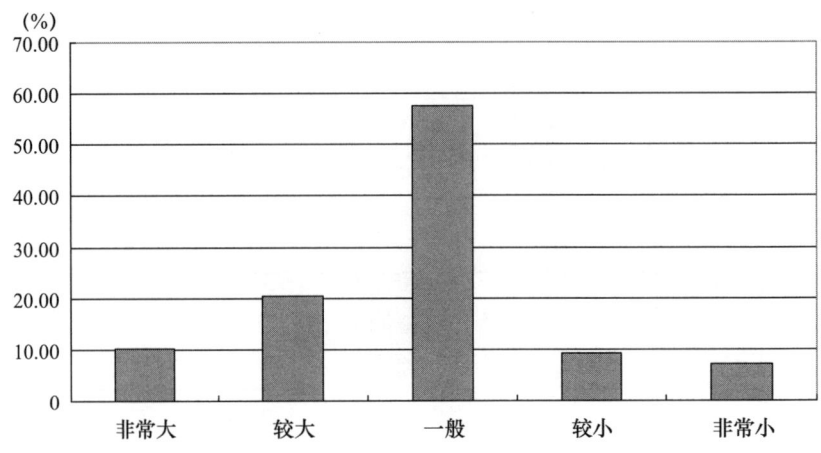

图7－12　畜产品包装对消费者购买决策的影响程度

畜产品的促销活动对消费者购买决策的影响程度大致有如下五个层次：影响非常大的占比为 8.48%；影响较大的占比为 44.07%；影响一般的占比为 44.07%；影响较小的占比为 7.39%；影响非常小的占比为 0。从图 7－13 可以看出，畜产品的促销活动对消费者购买决策的影响程度相对比较大。

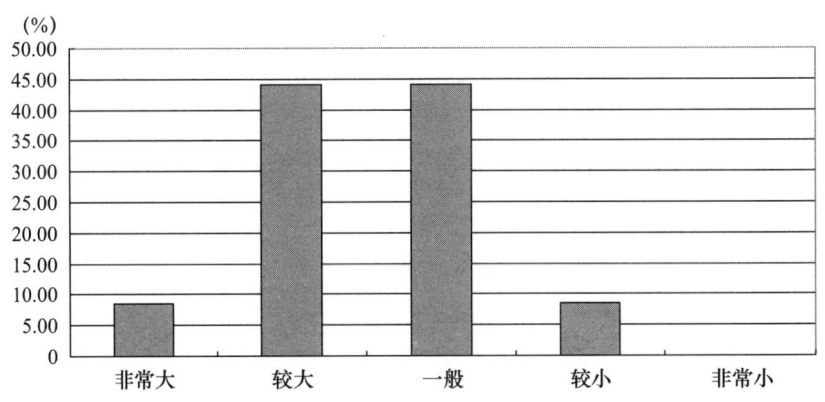

图7－13　畜产品促销活动对消费者购买决策的影响程度

畜产品的价格对消费者购买决策的影响程度大致有如下五个层次：影响非常大的占比为 7.85%；影响较大的占比为 26.92%；影响一般的占比为 50%；影响

较小的占比为 15.38%；影响非常小的占比为 7.85%。从图 7 - 14 可以看出，畜产品的价格对消费者购买决策的影响程度一般。

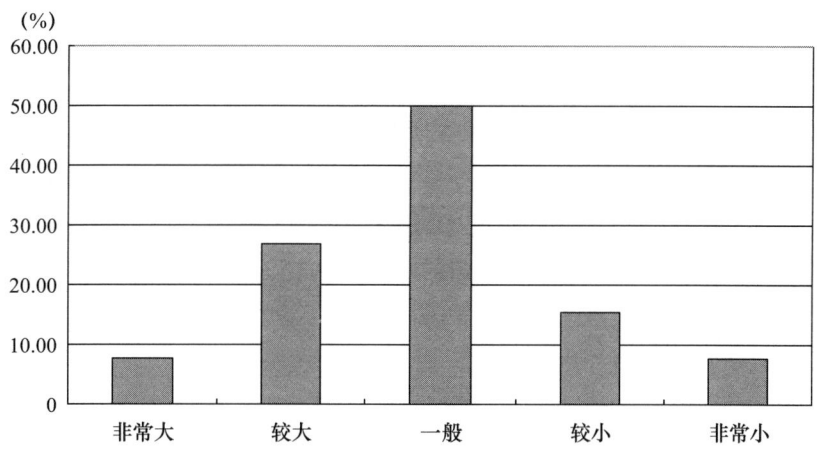

图 7 - 14 畜产品价格对消费者购买决策的影响程度

畜产品的品牌对消费者购买决策的影响程度大致有如下五个层次：影响非常大的占比为 7.85%；影响较大的占比为 11.54%；影响一般的占比为 57.69%；影响较小的占比为 27.08%；影响非常小的占比为 7.85%。从图 7 - 15 可以看出，畜产品的品牌对消费者购买决策的影响程度一般。

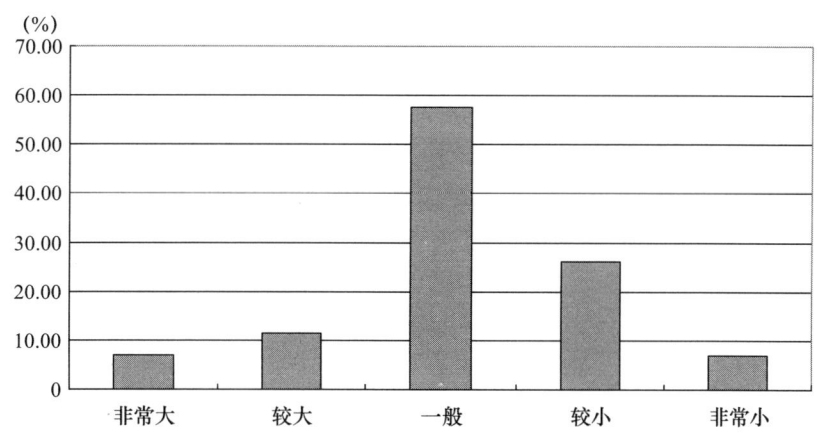

图 7 - 15 畜产品品牌对消费者购买决策的影响程度

如表 7 - 18 所示，畜产品的质量对消费者购买决策的影响程度大致有如下五个层次：影响非常大的占比为 7.85%；影响较大的占比为 15.38%；影响一般的占比为 65.38%；影响较小的占比为 11.54%；影响非常小的占比为 7.85%。畜产品的品牌对消费者购买决策的影响程度一般。

表 7 - 18　畜产品质量对消费者购买决策的影响程度

变量名称	选项	占比（%）
畜产品的质量对消费者购买决策的影响程度	非常大	7.85
	较大	15.38
	一般	65.38
	较小	11.54
	非常小	7.85

畜产品购买地点的便利对消费者购买决策的影响程度大致有如下五个层次：影响非常大的占比为 7.85%；影响较大的占比为 19.23%；影响一般的占比为 57.85%；影响较小的占比为 7.08%；影响非常小的占比为 0。从图 7 - 16 可以看出，畜产品购买地点的便利对消费者购买决策的影响程度一般。

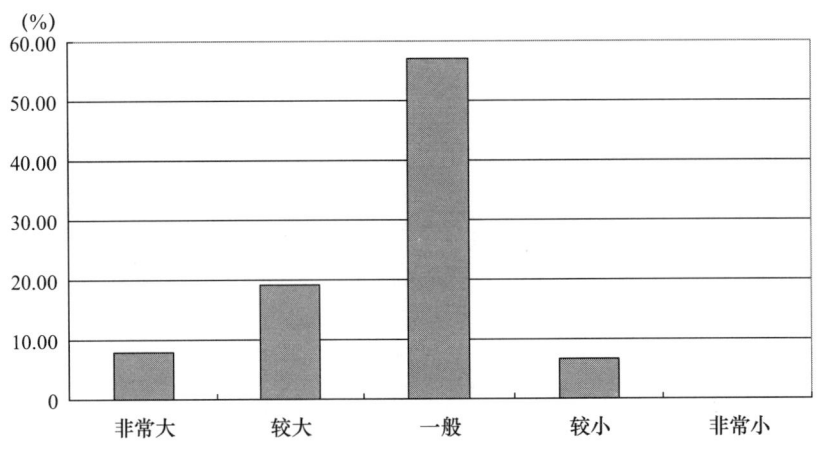

图 7 - 16　畜产品购买地点的便利对消费者购买决策的影响程度

如表 7 – 19 所示，畜产品的产地对消费者购买决策的影响程度大致有如下五个层次：影响非常大的占比为 11.54%；影响较大的占比为 7.69%；影响一般的占比为 69.23%；影响较小的占比为 11.54%；影响非常小的占比为 0。畜产品购买地点的便利对消费者购买决策的影响程度一般。

表 7 – 19　畜产品的产地对消费者购买决策的影响程度

变量名称	选项	占比（%）
畜产品的产地对消费者购买决策的影响程度	非常大	11.54
	较大	7.69
	一般	69.23
	较小	11.54
	非常小	0

在被调查者中，购买畜产品的频次大致有如下六个层次：每天都买的占比为 11.54%；两三天买一次的占比为 30.77%；四五天买一次的占比为 26.92%；一周买一次的占比为 19.23%；一周以上买一次的占比为 11.54%；基本不购买的占比为 0。从图 7 – 17 可以看出，在被调查中，畜产品的购买频次为两三天买一次的相对较多。

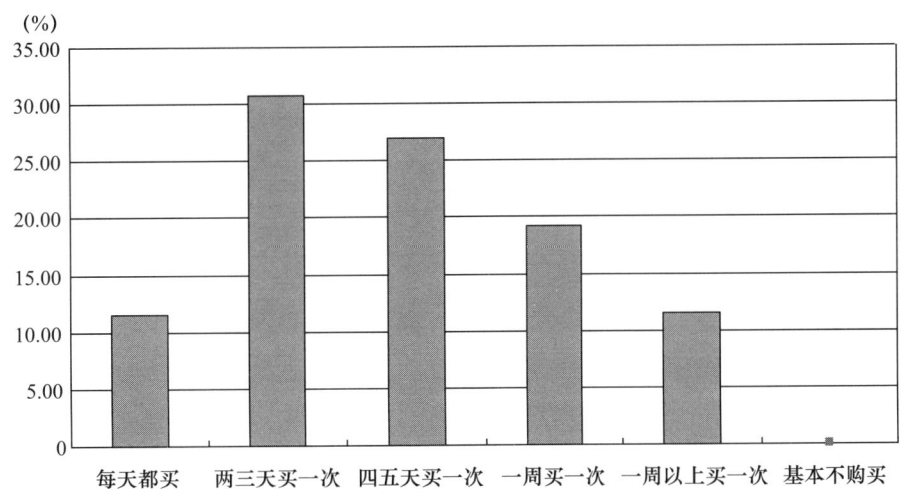

图 7 – 17　购买畜产品的频次分布情况

产品质量和安全程度对消费者购买决策的影响程度大致有如下五个层次：影响非常大的占比为 7.85%；影响较大的占比为 11.54%；影响一般的占比为 76.92%；影响较小的占比为 7.69%；影响非常小的占比为 0。从图 7 - 18 可以看出，产品质量和安全程度对消费者购买决策的影响程度一般。

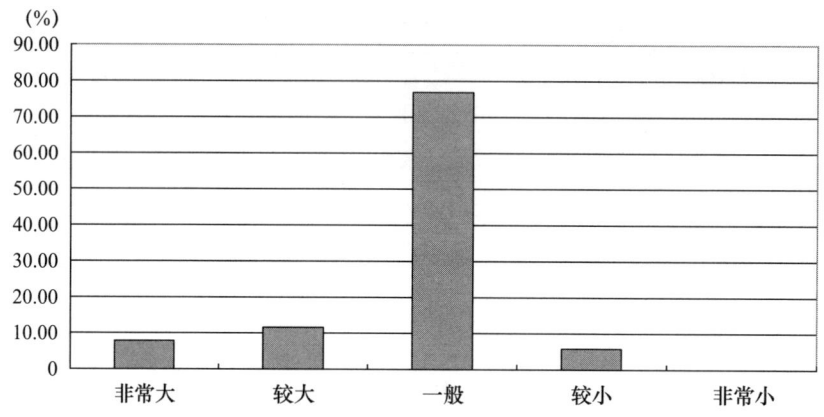

图 7 - 18　产品质量和安全程度对消费者购买畜产品影响程度

2. 模型回归检验

在回归之前，首先对模型可能存在的多重共线性问题进行了检验。检验结果显示，各变量的方差膨胀因子均满足设定条件，各变量之间不存在多重共线性问题。应用 Stata12.0 统计软件对模型进行回归，所得估计结果见表 7 - 20。

表 7 - 20　Logistic 模型回归结果

变量	系数	标准误差	Z 值	P > z	dy/dx
x_1	- 2.296913	0.8333762	- 2.76	0.006 ***	- 0.5503948
x_2	0.1202675	0.0681828	1.76	0.078 *	0.0288189
x_3	- 1.660166	0.634275	- 2.62	0.009 ***	- 0.3978151
x_4	1.325356	1.300021	1.02	0.308	- 0.3175867
x_5	- 2.110397	1.256923	- 1.68	0.093 *	- 0.5057012

续表

变量	系数	标准误差	Z 值	P > z	dy/dx
x_6	1.721623	0.5445539	7.16	0.002 ***	0.4125416
x_7	-0.8307312	0.3667666	-2.27	0.024 **	-0.1990629
x_8	0.9085919	0.502088	1.81	0.070 *	0.2177201
x_9	-0.9567927	0.8043784	-1.19	0.234	-0.2292702
x_{10}	0.7235971	0.3783808	1.91	0.056 *	0.173391
x_{11}	-0.6473935	0.542374	-1.19	0.233	-0.1551308
x_{12}	4.767036	2.099048	2.27	0.023 **	1.142295
x_{13}	0.7437797	0.6307486	1.18	0.238	0.1782272
x_{14}	-1.924698	0.5649553	-7.41	0.001 ***	-0.4612032
Coef.	5.319811	7.709835	1.43	0.152	—
LR chi^2（14）= 166.23					
Prob > chi^2 = 0.0000					
Pseudo R^2 = 0.4777					

注：P 值中的 * 、 * * 、 * * * 分别表示 10% 、5% 、1% 的显著水平。

当原假设 $\beta_i = 0$，LR 统计量的值是 166.23，作用类似于线性回归模型中的 F 检验，P 值非常小，近似于零。因此，可以拒绝原假设，表明该模型系数整体显著。Pseudo R^2 统计量的值为 0.4777，表明该模型有较好的拟合效果，可以使用该模型。

（1）文化程度对消费者购买畜产品意愿有显著影响，该变量在 1% 水平下显著为负，即文化程度每减少一单位，就会增加消费者购买畜产品意愿的概率为 55.04% ，这一结果表现与预期一致。因为在蒙古国，畜产品充裕，是消费者的主要食品，而对于文化程度较低的消费者来说，他们主要追求饮食上的满足，不讲究营养均衡，因而购买畜产品的意愿就越强。

（2）户主年龄对消费者购买畜产品的意愿有显著影响，该变量在 10% 水平下显著为正，即户主年龄每增加一单位，增加消费者购买畜产品意愿的概率为 2.88% ，这一结果表现与预期一致。从调查结果可以看出，接受调查的消费者户主年龄集中在 30 ~ 40 岁，这个年龄段的户主一般都是工作好几年，生活比较富裕，更有能力购买畜产品。因此，购买畜产品的意愿也比较强。

（3）家庭人口对消费者购买畜产品的意愿有较显著影响，该变量在1%水平下显著为负，表明此变量越小，消费者购买畜产品的意愿越强；反之消费者愿意购买畜产品的概率越小。研究结果表明，家庭人口每减少一单位，消费者购买畜产品的意愿就增加39.78%的可能性，这一结果与预期相符。在蒙古国，劳动力大多都是男性，也就是说家庭收入的主要来源是男性赚取的，那么人口较多和人口较少的家庭总收入相差较小。在收入相同的前提下，家庭人口较少的家庭支出也较少，因此，人口较少的家庭购买力更强，购买畜产品的意愿也更强。

（4）是否关注畜产品的兽药物残留、添加瘦肉精等问题与消费者购买畜产品的意愿有显著影响，该变量在1%水平下显著为正，即消费者对畜产品的兽药物残留、添加瘦肉精等问题关注度越大，越愿意购买畜产品，反之亦成立。这一结果显然是成立的。对于经常关注畜产品的兽药物残留、添加瘦肉精等问题的消费者来说，他们更加了解如何辨别畜产品中是否存在兽药物残留、添加瘦肉精等问题。因而在购买畜产品时他们对买到有兽药物残留、添加瘦肉精等问题的畜产品担心程度要比对畜产品兽药物残留、添加瘦肉精关注程度低的消费者更低。所以，对畜产品的兽药物残留、添加瘦肉精等问题关注度高的消费者购买畜产品的意愿也就更强。

（5）购买畜产品的频次对消费者购买畜产品的意愿有影响，该变量在5%水平下显著为负，即购买畜产品的频次每减少一单位，就会增加消费者购买畜产品意愿的概率，此概率值为19.91%。对于购买畜产品频次较小的消费者来说，他们希望一次性购买足够的畜产品，以维持一定时间的需求，因而他们在每一次采购畜产品时，购买意愿都是比较强的。因此，消费者购买畜产品的频次越小，购买畜产品的意愿就越强。

（6）畜产品的包装对消费者购买畜产品的意愿有影响，该变量在10%水平下显著为正，即畜产品的包装对消费者购买决策的影响程度越大，消费者越愿意购买畜产品，反之亦成立。对于消费者来说，产品的包装对于他们的购买决策有很大影响，同样的商品，相对于包装简单的产品，消费者比较倾向于购买包装精美的产品。因而，畜产品的包装对消费者购买决策的影响程度越大，消费者越愿意购买畜产品。

（7）畜产品的价格对消费者购买畜产品的意愿有影响，该变量在10%水平下显著为正，即畜产品的价格对消费者购买决策的影响程度越大，对消费者的购买意愿影响程度也就越大，增加的概率为17.34%，反之亦成立。这一结果表明，对于消费者来说，产品的价格往往是影响其购买决策的重要因素，价格越高对消费者购买决策的影响程度就越大。此外，畜产品的价格相对较高，因此价格的波动对消费者购买决策影响程度相对较大，对消费者购买意愿的影响程度也较大。

（8）畜产品的质量对消费者购买畜产品的意愿有影响，该变量在5%水平下显著为正，即畜产品的质量对消费者购买决策的影响程度越大，消费者越愿意购买畜产品，反之亦成立。样本分析结果表明：畜产品的质量对消费者购买决策的影响程度每增加一单位，消费者购买畜产品意愿增加的概率为114.23%。蒙古国的畜产品大多都是消费者自己生产，且由于蒙古国有优越的地域条件，因而蒙古国的畜产品质量基本可以得到保证。对于蒙古国的消费者来说，他们深知自己国家的优势，也相信自己国家的畜产品质量，因而他们更加愿意购买畜产品。因此，畜产品的质量对消费者购买决策的影响程度越大，消费者越愿意购买畜产品。

（9）畜产品的产地对消费者购买畜产品的意愿有显著影响，该变量在1%水平下显著为负，即畜产品的产地对消费者购买决策的影响程度越小，越愿意购买畜产品，反之亦成立。分析结果表明：畜产品的产地对消费者购买决策的影响程度每减少一单位，消费者购买畜产品意愿增加的概率为46.12%。这一结果与实际调研相一致。在蒙古国，畜产品是当地人们的主要消费品，而蒙古国的人们大多也都自己生产畜产品，因而他们对于畜产品的产地并不关心，也就是说畜产品的产地对消费者购买决策影响程度很小。

（10）家距大型商超的距离对消费者购买畜产品的意愿有显著影响，该变量在5%水平下显著为负，即家距大型商超的距离越短，消费者越愿意购买畜产品，反之亦成立。分析结果表明：家距大型商超的距离每减少一单位，消费者购买畜产品的概率为29.51%。这一结果与实际调研相一致。消费者家距大型商超的距离越近，消费者购买畜产品更加便利，减少了消费者的购买成本，消费者自然更加愿意购买。此外，从畜产品的新鲜程度来说，消费者家距大型商超的距离越近，越容易购买到新鲜畜产品，消费者更加愿意少量多次购买，以保证购买到新鲜的畜产品。

三、结论与启示

以蒙古国部分地区为研究区域，选取了三个特征：个体特征、技术特征和营销特征三个方面16个二级特征变量，得出以下结论：在个人特征中，文化程度越低，消费者愿意购买畜产品的概率就越大；消费者家庭人口越少，愿意购买畜产品的概率就越高；消费者家距大型商超的距离越近，消费者愿意购买畜产品的概率就越高。在安全特征中，消费者购买畜产品的频次越低，消费者购买畜产品的概率就越高；消费者对畜产品的兽药物残留、添加瘦肉精等问题关注程度越高，购买畜产品的概率越大。在营销特征中，畜产品的质量对消费者购买决策的影响程度越低，消费者购买畜产品的意愿越强；畜产品的产地对消费者购买决策的影响程度越小，越愿意购买畜产品；畜产品的包装对购买决策的影响程度越大，消费者购买意愿越强；畜产品的价格对购买决策的影响程度越小，消费者的购买意愿越强。

本研究结论对于促进蒙古国畜产品消费具有以下政策启示：

一是提供绿色安全的畜产品。蒙古国畜产品生产企业要利用绿色天然无污染的资源优势，从畜产品的源头保障其优良的品质。如果出现质量安全问题，消费者就会对整个畜产品行业都发生质疑，对畜产品消费带来负面影响。因此，政府要加强食品安全的监管力度，既保证畜产品安全又可以保护消费者的利益，也有利于畜牧业产业的发展。

二是营造便利的消费环境。畜产品销售企业可以在消费者聚集的区域开设便利超市，降低消费者购买的时间和精力成本，只有消费者购买畜产品的成本减少，才能进一步激发消费者的消费意愿。

三是规范畜产品的包装。在产品规格、品牌标识、价格标签等方面严格管理，畜产在进入便利超市进行销售时就要求包装达到规定的标准，此外干净、整洁、环保的包装既节约销售成本又能促进消费。

第三节　内蒙古自治区与蒙古国畜产品消费行为比较

一、消费行为影响因素的显著性比较

内蒙古自治区与蒙古国畜产品消费行为影响因素显著性比较显示，既有相同之处又有以下区别：

其一，内蒙古自治区与蒙古国在家庭人口、文化程度以及是否关注畜产品的兽药物残留、添加瘦肉精等问题方面均为1%水平下显著；而畜产品的包装对购买决策的影响程度、畜产品的促销活动对购买决策的影响程度、畜产品的品牌对购买决策的影响程度、畜产品购买地点的便利对购买决策的影响程度方面显著性都不明显。

其二，从畜产品的价格对购买决策的影响程度、家距大型商超的距离这两个指标来看，内蒙古自治区与蒙古国都是显著的，只是显著程度有所不同。这两个因素对内蒙古消费者畜产品消费意愿的影响更大。

其三，对于内蒙古自治区的消费者来说，户主年龄、产品质量和安全程度、购买畜产品的频次、畜产品的质量对购买决策的影响程度、畜产品的产地对购买决策的影响程度这些指标对消费行为的影响均为无明显显著性。相反，对于蒙古国的消费者说，这些方面的因素对消费行为均有不同程度的影响（见表7－21）。

二、内蒙古自治区与蒙古国畜产品消费行为的特点

1. 内蒙古自治区畜产品消费行为的特点

从蒙古国与内蒙古自治区畜产品消费行为比较分析来看，内蒙古自治区畜产品消费行为呈现以下特点：其一，对市场上畜产品价格的评价。对于内蒙古自治

区的消费者来说,更愿意积极主动地去了解畜产品的市场情况,对市场上畜产品的价格也有自己的评价,当他们觉得市场上畜产品的价格是合理的,与产品本身的价值是吻合的,那么这部分消费者的消费意愿也就比较积极,同时也更容易做出消费决策。其二,畜产品的价格对购买决策的影响程度。畜产品作为人们日常饮食消费的一部分,由于自身生产成本较高,售价也较一般食品高,因而价格成为影响消费者购买决策的重要因素。

表 7 – 21　　内蒙古自治区与蒙古国畜产品消费行为影响因素显著性比较

指标	地区	内蒙古自治区	蒙古国
文化程度		1% 水平下显著	1% 水平下显著
户主年龄		无明显显著	10% 水平下显著
家庭人口		1% 水平下显著	1% 水平下显著
对市场上畜产品价格的评价		1% 水平下显著	无明显显著
产品质量和安全程度		无明显显著	10% 水平下显著
是否关注畜产品的兽药物残留、添加瘦肉精等问题		1% 水平下显著	1% 水平下显著
购买畜产品的频次		无明显显著	5% 水平下显著
畜产品的包装对购买决策的影响程度		无明显显著	无明显显著
畜产品的促销活动对购买决策的影响程度		无明显显著	无明显显著
畜产品的价格对购买决策的影响程度		1% 水平下显著	10% 水平下显著
畜产品的品牌对购买决策的影响程度		无明显显著	无明显显著
畜产品的质量对购买决策的影响程度		无明显显著	5% 水平下显著
畜产品的购买地点的便利对购买决策的影响程度		无明显显著	无明显显著
畜产品的产地对购买决策的影响程度		无明显显著	1% 水平下显著
家距大型商超的距离		1% 水平下显著	5% 水平下显著

因此,在内蒙古自治区,畜产品的价格为消费者关心的主要要素,对于畜产品行业来说,应该灵活运用价格策略,满足消费者多元化的需求。

2. 蒙古国畜产品消费行为的特点

对于蒙古国的消费者来说,畜产品是他们的主要消费品,除去价格外,质量安全则是影响消费行为的较为重要的因素。产品的质量以及其安全程度对于消费者来说是他们在对畜产品做出购买决策时候最关注的因素，因为畜产品本身就是蒙古国消费者日常饮食的主要来源，消费量比较大。因此，出于对家人安全和健康的考虑，消费者最关注的就是畜产品的质量和安全保障，畜产品的质量是否达到各项标准，是消费者最终做出购买决策的主要因素。由此可见，蒙古国畜产品营销，更应该注重畜产品的优良品质，满足消费者的安全需求。

三、内蒙古自治区与蒙古国畜产品消费行为的区别竞争因素

由于内蒙古自治区与蒙古国之间在经济、政治、文化各方面均有显著差异，因而影响消费行为的因素也存在较大差异。

1. 内蒙古自治区畜产品消费行为的区别竞争因素

畜产品价格的评价对消费者购买畜产品的意愿有显著影响，也就是说，消费者对于市场上畜产品的价格认可度越高，他们购买畜产品的意愿越强烈。这说明，合理的定价以及灵活的价格策略能够对畜产品消费行为产生积极的促进作用。与之相关联的畜产品价格对消费者购买决策的影响程度对消费者购买意愿也有显著影响，由于畜产品本身的生产成本较高，因而价格相对偏高，认为畜产品价格对购买决策影响程度较小的消费者更容易接受价格偏高的畜产品，他们认为价格与质量成正比，价格越高，畜产品的质量就越高，因而购买意愿更强。

针对如上因素，提出以下几点建议：其一，对于政府相关部门来说，加大对畜产品价格的监督管理，制定相关的价格标准，阻止部分不良商家以次充好、哄抬物价的行为，预防市场上畜产品质量与价格不对等的现象出现，从而使市场上畜产品的价格更加合理化、平民化。其二，对于畜产品生产加工企业来说，应该积极研究利用新兴养殖技术，采用先进设备和技术进行畜产品的加工，降低畜产品生产加工成本。在保证企业正常运营的前提下，最大限度让利于消费者，从而促进消费者的购买意愿，最终促进企业的长远发展。其三，对于消费者来说，应该积极了解畜产品相关知识，掌握畜产品品质的鉴定方法以及相关政策，从而能够对市场上的畜产品价格做出合理的评价，让自己购买到的产品物有所值。

2. 蒙古国畜产品消费行为的区别竞争因素

畜产品的兽药残留、添加瘦肉精等问题对消费者购买意愿有显著影响，对于消费者来说，食品安全问题是消费者最关注的问题。对于重视畜产品安全的消费者而言，他们了解并掌握安全食品的相关知识，买到有问题畜产品的概率较低。因此，食品安全知识丰富的消费者对买到有兽药物残留、添加瘦肉精等问题的畜产品担心程度较低。由此可以看出，消费者在购买畜产品的过程中，更加重视绿色天然无污染的属性，对畜产品品质的关注程度不同，购买畜产品的意愿也就不同。

针对如上因素，提出以下几点建议：其一，对于政府相关部门来说，要加大对产品质量的监督，制定相关产品的质量标准，并严格实施。规范不符合质量标准的生产厂家，从而更好地保障畜产品的品质。保证畜产品质量安全不仅可以保护消费者的利益，也可以促进畜牧业产业的发展。其二，对于畜产品生产加工企业来说，明确自身的企业文化以及企业准则，规范生产经营，严格按照相关标准进行日常生产加工，杜绝不符合标准的产品进入消费市场，从而赢得忠诚的消费者。其三，于消费者自身来说，积极主动地学习优劣产品的辨别知识，理性地做出购买决策行为。此外，消费者也应该利用好自己监督的权利，对于不合格的产品以及生产厂家进行投诉举报，在保证自身利益的同时更好地促进畜产品消费市场的发展。

参考文献

［1］张文忠等．产业发展和规划的理论与实践［M］．北京：科学出版社，2009.

［2］蒙古国统计年鉴（2014）［M］．蒙古国民族统计出版社，2015.

［3］畜牧业经济（2014 年）［M］．蒙古国民族统计出版社，2015.

［4］达古拉，乌日陶克套胡．蒙古国牧户收入研究［J］．内蒙古师范大学学报（哲学社会科学版），2015（11）：13 – 16.

［5］乔光华，谭明达等．供给侧改革视角下财政支牧政策研究——以内蒙古草原畜牧业为例［J］．财政科学，2016（10）：143 – 153.

［6］蒙古学研究年鉴（2014 年）［M］．内蒙古社会科学院，2015.

［7］恩和．蒙古国草原畜牧业可持续发展研究［M］．福州：福建师范大学出版社，2015.

［8］孙根年，安景梅．中国内蒙古自治区与蒙古国出入境旅游与进出口贸易互动关系分析［J］．干旱区资源与环境，2014（8）：52 – 56.

［9］靳严平，白音等．"十三五"内蒙古自治区畜牧业发展新举措——基于"稳羊增牛扩猪禽"发展思路的调查研究［J］．畜牧与饲料科学，2017（1）：60 – 69.

［10］华倩．"一带一路"与蒙古国"草原之路"的战略对接研究［J］．国际展望，2015（6）：43 – 46.

［11］王成娟．当代蒙古国外交政策研究［D］．外交学院，2011.

［12］张秀杰．蒙古国经济发展放缓与中蒙经贸合作新思路［J］．内蒙古社会科学（汉文版），2015（2）：191 – 196.

［13］孟凡东．我国畜牧业生态经济发展的系统分析［D］．青岛大学，2012.

［14］陈海燕．中国畜牧业政策支持水平研究［D］．中国农业大学，2014.

［15］马铃，刘晓昀．投入低还是效率低——贫困农户畜牧业收入低的原因剖析［J］．农业经济问题，2013（12）：102－106.

［16］易青，李秉龙，耿宁．基于环境修正的中国畜牧业全要素生产率分析［J］．中国人口·资源与环境，2014（S3）：121－125.

［17］赖媛媛．我国畜牧业物流体系构建研究［D］．中国海洋大学，2015.

［18］李佳宝，李瑞华，闫刚．提高内蒙古自治区农畜产品流通效率的对策研究［J］．内蒙古财经大学学报，2016（2）：28－32.

［19］辛翔飞，张怡，王济民．我国畜产品消费：现状、影响因素及趋势判断［J］．农业经济问题，2015（10）：77－85.

［20］李健航．河南省畜产品市场竞争力提升研究［D］．河南科技大学，2015.

［21］李腾飞．基于全产业链的内蒙古自治区农畜产品流通组织体系研究［D］．内蒙古财经大学，2015.

［22］张举荐．河北省猪肉消费需求以及影响因素研究［D］．河北农业大学，2015.

［23］徐琛卓．基于组合模型的我国畜产品消费量预测［D］．中国农业科学院，2015.

［24］慕乙晓．我国基层畜产品质量安全监管问题研究［D］．山东大学，2015.

［25］郭磊，张立中．我国牛肉供给面临的困境与应对措施［J］．中国畜牧杂志，2015（4）：20－24.

［26］汤洋．黑龙江省畜牧业经济效益影响因素及提升对策研究［D］．东北农业大学，2013.

［27］包艳丽，王晓伟，黄永亮．新疆棉花主产区生产比较优势分析［J］．新疆农垦经济，2013（11）：18－21.

［28］桑笛．农业产业化背景下农业物流发展策略［J］．中国农业信息，2013（19）：20－21.

［29］冯剑，赵敏娟．西北五省区羊肉产业的发展对策［J］．贵州农业科学，2013（5）：113－117．

［30］李富龙，徐丙臣．现代畜产品供应链体系构建研究［J］．黑龙江畜牧兽医，2013（4）：13－15．

［31］马福玉．基于因子分析的畜产品消费需求量影响因素研究［J］．系统科学与数学，2013（1）：110－117．

［32］陈雨生，杨鲜翠，周海玲．消费者可追溯水产品购买行为影响因素的实证分析［J］．中国海洋大学学报（社会科学版），2012（6）：49－54．

［33］尚旭东，李秉龙．我国城乡居民畜产品消费特征与问题分析——基于消费结构与收入差距视角［J］．生态经济，2012（6）：45－52．

［34］孙黎黎．基于猪肉安全的吉林省消费者购买意愿研究［D］．吉林农业大学，2012．

［35］刘丽红．河北省城乡居民收入和畜产品消费关系研究［D］．河北农业大学，2012．

［36］高炎坤．荆州市现代畜牧业现状与发展对策研究［D］．长江大学，2012．

［37］孟凡东．我国畜牧业生态经济发展的系统分析［D］．青岛大学，2012．

［38］王舒婷，陈铁飞，钟真．我国畜产品供需状况与产业发展预测［J］．重庆社会科学，2012（4）：93－99．

［39］杨域．潍坊市饲料企业的经营状况调查分析［J］．山东畜牧兽医，2010：80－82．

［40］焦国生，杨年生．搞活畜产品流通促进畜牧产业稳定发展［J］．中国畜禽种业，2008（9）：75－77．

［41］师志燕．内蒙古自治区畜产品物流发展及对策研究［D］．内蒙古自治区农业大学，2008．

［42］朱启荣．我国畜产品供应链中的质量安全管理研究［J］．中国集体经济，2008（12）：71－72．

［43］黄高明．猪蓝耳病暴发流行引发的思考［N］．中国畜牧兽医报，2007－11－04．

［44］佟晓晨．中国畜产品消费分析［J］．内蒙古民族大学学报（社会科学版），2007（3）：86－89．

［45］杨霞．我国畜产品消费分析及预测［J］．中国食物与营养，2007（5）：28－30．

［46］向香云．基于信息不对称条件下的畜产品流通问题研究［D］．湖南农业大学，2007．

［47］唐柳．建设西藏新型农畜产品市场流通体系的思考［J］．西藏研究，2007（2）：90－96．

［48］夏文汇，徐玲玲．提高我国农畜产品流通竞争力对策分析［J］．中国畜牧兽医文摘，2006（4）：14－18．

［49］王玉环．中国畜产品质量安全供给研究［D］．西北农林科技大学，2006．

［50］李建．中国牛肉消费特征及其影响因素研究［D］．南京农业大学，2006．

［51］陈淑祥．我国农畜产品流通方式现状分析［J］．中国禽业导刊，2005（14）：30－32．

［52］袁学国．我国城乡居民畜产品消费研究［D］．中国农业科学院，2001．

［53］包艳丽，黄永亮，张利召．新疆居民主要畜产品消费行为与收入关系的研究［J］．新疆农垦经济，2013（12）：57－60．

［54］宝音都仍，伊达木，甘南．蒙古国山羊绒、羊毛生产及中蒙贸易［J］．中国畜牧业，2015（18）：30－34．

［55］满达，宝音都仍，图雅日呼．山羊绒生产及其产品贸易［J］．中国畜牧杂志，2012（24）：45－48．

［56］苏乐．甘其毛都口岸发展中蒙跨境经济合作研究［D］．内蒙古大学，2014．

［57］赵鹏迪．中蒙俄国际贸易与内蒙古沿边经济带建设研究［D］．内蒙古大学，2013．

［58］丰华．中蒙经贸发展的现状分析及对策研究［J］．内蒙古科技与经济，2015（12）：32－36．

［59］李铁，于潇．提升中蒙基础设施互联互通，建设好新丝绸之路经济带［J］．东北亚论坛，2014（2）：40－43.

［60］阿努达丽．中蒙边境地区经贸合作研究［D］．黑龙江大学，2013.

［61］侯向阳，魏琦．加强中蒙草原科技合作是发展中蒙全面战略伙伴关系的有效推进器［J］．中国草地学报，2015（5）：35－38.

［62］赛奇．中蒙双边贸易研究［D］．哈尔滨师范大学，2013.

［63］孙瑾瑾，李娟．"中蒙俄经济走廊"建设背景下中蒙贸易合作发展的机遇与对策［J］．知与行，2015（5）：45－47.

［64］包艳丽，黄永亮，张利召．新疆居民主要畜产品消费行为与收入关系的研究［J］．新疆农垦经济，2013（12）：35－38.

［65］李新．中俄蒙经济走廊助推东北亚区域经济合作［J］．俄罗斯东欧中亚研究，2015（4）：56－60.

［66］张婧．中蒙双边贸易合作发展的现状分析与前景研究［J］．价格月刊，2015（1）：68－72.

［67］李希荣．合力打造中国特色绒山羊种业产业发展之路［J］．中国畜牧业，2014（21）：70－73.

［68］朱马别克·别肯．阿勒泰地区畜牧业产业化模式研究［D］．新疆师范大学，2015.

［69］马德元．我国畜牧业产业化发展的问题与对策［J］．阜阳师范学院学报（社会科学版），2010（4）：91－95.

［70］岳富贵．科尔沁区农区畜牧业产业化经营研究［D］．内蒙古师范大学，2011.

［71］薛强，乔光华，樊宏霞．畜牧业产业化的内涵及组织模式［J］．中国畜牧杂志，2011（12）：25－28.

［72］阿地拉·阿卜杜外力．昌吉州畜牧业产业化发展研究［D］．新疆师范大学，2016.

［73］哈鸿儒．西乌珠穆沁草原畜牧业可持续发展对策分析［D］．中国农业科学院，2006.

［74］白文宁．内蒙古自治区畜牧业可持续发展探析［D］．中央民族大学，2007.

［75］张鹤．鄂尔多斯市畜牧业可持续发展评价研究［D］．内蒙古大学，2010.

［76］颜景辰．中国生态畜牧业发展战略研究［D］．华中农业大学，2007.

［77］王富强．蒙古国草原畜牧业可持续发展研究［D］．内蒙古大学，2010.

［78］陈雪菲．蒙古国羊绒产业的发展建议［J］．现代商业，2015（19）：35－38.

［79］畜牧业经济（2010年）［M］．蒙古国民族统计出版社，2015.

［80］敖仁其，娜琳．蒙古国生态环境及其东北亚区域合作［J］．内蒙古财经学院学报，2010（3）：34－37.

［81］杜富林，鬼木俊次等．中国与蒙古草原畜牧业经营比较研究［J］．世界农业，2015（8）：157－161.